# 看人的本事

說話前先讀懂對方想聽什麼，建立好關係

盧文建 著

# 目錄

## 番外篇　職場博弈論　229

# 第一章

# 「戲」說讀心術

似乎每個人在小時候，都想過要成爲一個厲害的人。那麼接下來，讓我們在本書的開篇首章，學會幾個生活中就可以隨時隨地使用的讀心遊戲，讓自己秒變朋友群中的讀心大師吧！

究竟什麼是讀心術？讀心又眞的有「術」嗎？一直以來我都認爲這是個很難回答清楚的問題，但是此刻，對於願意打開這本書的人來說，我可以清晰地感受到你渴望著讀心術的存在。從另一個角度看，我們每個人都渴望擁有「讀心能力」，如果你也是這樣想的話，我倒認爲你可以暫時丟掉究竟有沒有「讀心術」的問題。跟著你的好奇心一起讀完這本書，我相信你會找到屬於你的答案。

此刻，如果你願意回想一下你的小時候，其實不難發現「好奇心」促使著我們一點一滴地去認識這個世界，而當我們建構出一幅屬於自己的「世界地圖」後，可能會恍然發現，最令我們好奇的，其實還是人的那顆「心」。

認知心理學家經過研究證實，在我們每個人的大腦中，都存在著一個被稱作「右顳頂交界區」（RTPJ）的區域，它位於我們右耳的後上方。

這個區域是做什麼的呢？簡而言之，它負責讓我們去解讀他人內心的想法，並隨著年齡的增長而獲得成熟。現在，你應該也就能夠明白我們爲什麼總是好奇他人心裡究竟在想些什麼了，甚至可以說，每個人天生都是「讀心人」，不同的是，你是否意識到這個你與生俱來的「角色」？

很多人都有一種感覺——懂得讀心術的人，可以輕易猜透對方的內心，然後利用這些感受，方便實現自己的意圖，從而可以提前獲知很多「機密」，或者在做事情時取得一些捷徑；還有人對讀心術有些不安的誤解，覺得讀心術高手可以看破一切秘密和掩飾，甚至可以誘導乃至操控他人。

說實話，這種誤解的確是聽上去有些「陰暗猥瑣」，說到這裡——我甚至可以透過讀心術，來剖析這些做出誤解者他們內心的想法，這裡面是有一種「角色映射」。所以呢，我們盡量不要去當誤解者，誤解本身可能只是資訊的不對稱，但誤解產生的後果卻是複雜而負面的。

實際上，讀心術不是陰險地讀取資訊，更不是某種恐怖的操控。我賦予讀心術的定義恰恰是一種說話的藝術，一種「帶有某種目的的說話藝術」。

大家聽到這裡可能又會質疑了，「某種目的」？怎麼聽上去似乎也有些動機不良呢？但大家不妨試想一下，如果你和客戶要進行一次談判，這場談判的目的是什麼？應該不會是生意沒得做了吧？又或者，你和另一半因爲矛盾需要進行溝通，那麼你的目的又是什麼？不會是希望離婚吧？

實際上，和射擊、釣魚、駕駛汽車、烹飪一樣，讀心術也只不過是一項技術，一項能夠把話說到對方心坎裡的技術。這項技術造成的影響是好是壞，完全取決於使用者是如何設立目標的。當我們用積極的態度去審視這項技術時，事情就顯得很正面和陽光。最顯著的例子就是——我們可以用讀心術去做遊戲。

我遇到過很多想要學習讀心術的朋友，就是爲了能夠掌握一些獨門絕技，在社交場合中帶動彼此的聯動和交流。

接下來，我會在這裡分享給大家四個易懂易學易用、類似「心理操控」的小遊戲，作爲我們開篇的熱身階段。正如我們前面所說，它會令你秒變讀心師，成爲朋友群中的「看透人心的魔法師」。

哈哈，聽到我這笑聲背後的「戲謔」了嗎？其實沒有這麼誇張啦，當然，雖說僅僅是個讀心遊戲，但我也希望大家可以認眞地對待，至少它會讓你獲得一份讀心人應該有的自信以及思維方式。

## 遊戲一：潛入你的思維世界

如果我請你不要想像粉紅色的大象……現在，你腦中想到的是什麼呢？

沒錯，一定就是粉紅色的大象。

我們可能無法捕捉他人的萬千思緒，但也許可以讓他人按照我們的意願去思考。

首先，請各位暫時清空你腦海中所有的雜亂思緒，讓自己放鬆而平靜下來，如果你發現這很難，別著急，暫時放下這本書，做幾個深呼吸（大家一直對呼吸有個誤區，呼吸呼吸，自然應該先呼再吸，呼氣時一定用嘴巴，吸氣時則一定要用鼻子）。

在我們正式開始之前，還需要向大家強調一下，接下來我問的每一個問題，我希望你都可以按照你的「第一直覺」給出答案，請記住我們的約定！

此刻，**請各位在1—100之間，想一個大的兩位數……**

沒錯，就是這個一瞬間掉落到你腦海中的數字，想好之後，請鎖定這個答案，不要隨意更換。如果你發現你想的數字在腦海中有過改變，那就請換回到第一個出現在腦海中的數字。

仔細地看著這個數位的圖像，讓它慢慢地放大，嘗試在心中默唸出來。**同樣遵照上述規則讓你的腦海推送出一個顏色**，沒錯，就是這個一瞬間閃現在你腦海中的顏色，不要隨意更換，最後，在你的五官當中想一個部位。想好了嗎？

現在，請允許我嘗試去閱讀一下你的想法，我想，你腦海中的三個答案，應該分別是……記住，請一定不要隨意更換……

99、紅色、鼻子！現在你可以告訴我，我猜對了嗎？

你也許更想知道，這是如何做到的？很簡單，請你看看上面的文字中，我刻意強調了哪些字？其中緣由，你一定能夠理解。如果，你認爲我在故弄玄虛，也很簡單，暫停你的疑問，直接和你身邊的朋友實踐一下，你會發現簡單到不可思議！

## 遊戲二：控制你的行為

現在，我將嘗試僅僅透過文字來操控各位的行爲，但其實我更願意相信，你會幫助我來操控你自己。

這個遊戲需要各位坐下來，並將你的右腿搭在左腿上（俗稱二郎腿），完成後讓你的右腳按順時針（錶盤中分針轉動的方向）的方向轉動，你可能會覺得這個動作看起來很傻，但請忍耐一下。

接下來，我要透過文字的描述，讓你的右腳由順時針方向瞬間改變爲逆時針方向轉動。

請一直保持你的右腳在持續不停地轉動，同時讓自己的注意力放在你的右手，請伸出你的右手食指在空中畫出一個數字6，然後，你會發現……希望你要明白，能控制你的人，恐怕只有你！

## 遊戲三：識別你身邊的「讀心人」

很多人都會認爲自己說謊時不會露出破綻，但眞的如此嗎？

**請大家用右手寫一個大寫字母「Q」**，不要刻意考慮，憑直覺寫就好。

寫完後，讓我們來看一下你所寫出的Q的朝向：第一種情況字母是反著寫的，這樣我們對面的人閱讀起來很方便；第二種情況字母是正著寫的，這樣我們自己看起來比較方便。

這個遊戲說明了什麼？它很巧妙地告訴了我們一個人「自我監控」的意願（具備自我監控意識的人能夠關注並清晰地認識他人對自己的看法）。低自我監控者往往正方向書寫字母，以使得自己能夠較爲容易地閱讀字母。這一現象暗示著，低自我監控者對自己的認知大多是以自我爲中心，而不願從他人的角度來審視自己的行爲。

此外，透過研究還發現，當低自我監控者的周圍環境發生變化時，他們通常還會繼續保持以往的行爲習慣；而那些反方向書寫字母的高自我監控者，往往具備從不同角度認知世界的能力，這意味著他們更願意改變自己的行爲模式，以適應周圍環境的變化，也正是這一行爲使得他們能夠輕易地去改變別人對自己的看法。

因此，對比低自我監控者，高自我監控者往往能夠輕易控制自己的語言和行爲，當他們說謊時，更不易被察覺。進一步來說，如果你的朋友中，有人寫出了一個反向的Q，請試著多多了解他（她），也許他（她）就是那個最能夠讀懂你的人。

## 遊戲四：「意念」就是相信的力量

請找到一條帶有吊墜的項鍊（或是自己製作），用你的右手食指和拇指捏住項鍊的鏈子兩端，讓吊墜自然落下。

保持吊墜靜止，並從此刻緊緊注視著吊墜，集中你的注意力，調動你的想像力，在腦海中想像吊墜開始像鐘擺一般左右搖擺，從左擺到右，再從右擺回左，持續地在你的腦海中想像這個畫面，然後看看你是否可以僅僅憑藉想像，讓你手中的吊墜擺動起來。

當你發現有某種力量控制手中的吊墜動起來時（哪怕僅僅是微弱的），都請你千萬不要克制這股力量，請跟隨這股力量，你會發現吊墜會擺動得越來越強烈，越來越強烈……當吊墜可以自如地左右擺動時，請你嘗試在心中、在腦海中更改你的指令，讓它由左右擺動改變爲上下移動。

集中你的注意力，調動你的想像力，調整你的呼吸，放鬆你的身體，現在，看看吊墜是否如你所想的那樣，在進行上下移動。最後，你還可以嘗試讓它按照順時針（或逆時針）的方向轉動，一切都源於「相信」！

怎麼樣？上面分享給大家的四個小遊戲，你學會了嗎？它們有一個共同的特點，就是你不需要去思考爲什麼，而僅僅需要一點「遊戲精神」。就像我們的人生，太過認眞，太過較勁，是一切痛苦的開始。相信我，按照我說的去做，不要思考爲什麼。

在成年人的世界裡，遊戲的意義肯定不僅限於遊戲本身。如果你能把這些讀心遊戲運用熟練，不難想像，你就很容易成爲聚會房間裡那個引人注目的人，你在收獲了大家的興趣之後，彼此間的話匣子就可以自然打開了。

當然，對於我來說，本章的目的肯定不僅限於讓各位讀者成爲社交達人。在接觸了這些小遊戲之後，我們就更加容易理解讀心術背後的邏輯和技術基礎，我也希望各位讀者能夠帶著興趣走進這本書，從「玩家」逐步成長爲「專家」。

# 第二章

# 你有眼睛，但你真的在「看」嗎？

我們大都習慣用雙眼建構這個世界，並將其定義爲「事實」「眞相」。但在我看來，「眞相」本就是個曖昧的詞，因爲我們往往看到的僅僅是自己想要看到的。

這一章，我將帶領讀者學習如何正確提升自己的「觀察力」，如何運用邏輯推理、深度洞察訓練，有效地敲開讀心術的大門。這是柯南·道爾筆下名偵探福爾摩斯的核心能力，也是每一位想要學習讀心識人技巧的讀者所必須具備的，最基本也最重要的能力。

都說「眼睛是心靈的窗戶」，這句話其實有兩層意思：第一層意思，是說你可以透過觀察一個人的眼神，來獲知對方的情緒、狀態和想法，也就是說，透過這扇窗戶，你可以看到房間裡的情況——這一層固然也是讀心術的重要部分，不過卻不是本章的重點；第二層意思是，我們作爲「站在房間裡的人」，更要善於透過自己的眼睛這層「窗戶」去看外面，你可以看到的不僅僅是對方的「窗戶」，更可以看到整個世界。

正所謂「內行的看門道，外行的看熱鬧」，面對同一個人，我們能夠看到相同的畫面，但不同的觀察者獲得的卻是不同的資訊。比如大名鼎鼎的偵探福爾摩斯，就是善於觀察的典範，面對常人無法洞察的蛛絲馬跡，他總是能夠看出其中具啓發性的線索。這種觀察技術僅僅是因爲視力好或者細心嗎？當然不是。

有效的觀察，需要觀察者具備良好的意識、良好的圖像感，以及反覆觀察的耐心，從在靜態中捕捉資訊開始，逐步發展成爲在動態中匆匆一瞥就能見微知著的本領。這些本領都是可以訓練的，在接下來的文字裡，我們將會一步步了解訓練的方法，從而成爲一個觀察力更爲強大的讀心者。

觀察究竟對於「讀心術」而言有多重要呢？在這裡我引用一句古語「有術無道，止於術」來說明，而觀察其實就相當於我們讀心術的「道」。從這個角度來說，脫離了觀察的讀心是不存在的，甚至是荒謬的。

舉例來說，你在某個場合初次見到某個人時，如果你對他缺乏一個相對全面而準確的觀察，那麼即便是你掌握了再多讀心的技巧，你的分析也只能是信口雌黃，很難令人信服。可以由此下一個論斷，你是否可以眞正掌握讀心術，其實看的就是你是否能夠眞正懂得什麼是觀察之道。

要想搞清楚這個問題，最重要的是要明白什麼是觀察。我相信很多人都會誤以爲觀察就是我們平時所說的用眼睛「看」，這句話對，卻也不完全對。說它對，是因爲，觀察的「觀」確實有「看」的意思。

這讓我想到福爾摩斯經常對搭檔華生說的一句話：「你是在看，而我是在觀察，這其中有著非常明顯的差異。」

說到這裡，其實第一個概念就出來了，「觀察絕不等於用眼睛去看，或者說不完全等同於用眼睛去看」。要理解這一點，首先要從我們大腦的運作機制這個角度來說，當一件事物或是一個人出現在我們眼前時，大腦會自然而然地進行一系列加工處理，而這個過程我們通常稱之爲「視覺加工」。在這個過程中，就免不了會觸及我們的潛意識領域，也就是說，我們會在無意識的狀態下，去調動我們潛意識中已有的經驗去認識眼前的這個事物，最終形成對於這個事物的態度以及判斷。

因此，如果我們僅僅使用眼睛去看人或事，難免演變成主觀的臆斷。這樣說，大家就應該能明白爲什麼我們在與人相處時總會抱怨：「我怎麼會看錯了〇〇〇，難道我瞎了眼嗎？」「在我眼裡，這個人不應該是這個樣子！」「我要是一開始就知道他是這個樣子，我說什麼也不和他打交道！」

其實對方一直都是這個樣子，只是我們一直在看而從未觀察。也正因爲如此，我們會發現在生活中所使用的「觀察」，往往與讀心意義上的觀察，或者說與眞正意義上的觀察是有所出入的。也許一個「不小心」，我們看到的僅僅就是我們想看到的，而不是人或事物原本的面目。

觀察的目的在於呈現人、事、物的眞相，而阻礙我們看到眞相的往往是我們的眼睛，或者說是我們太過於信賴的主觀經驗。從這個角度來說，眼見也未必爲實，我們需要更多的理智而不是直覺。

其次，就觀察本身而言，我們用眼睛能看到的事情實在是太有限。正如小王子中的經典句子：「眞正重要的事情，眼睛是看不到的。」

如果你面對的是一個人，那麼你就不能忽略他說的每句話、他的語言模式、他使用詞語的習慣、他的聲音、他的情緒，甚至是他身上的味道。因此，我們可以說觀察並不是僅僅用眼去看這麼簡單，它更多的是五官感覺相互融合後，充分調動的一種全方位感知能力。

再單獨說說觀察中的「察」這個字，「察」可以理解爲「察覺與分析」。可想而知，如果我們對「觀」這個字的概念把握得不夠準確，在「察」時也自然就會走入誤區，在分析判斷一個人、一件事時也會不準確，極容易將觀察變爲自以爲是，要不然怎麼會有那句話呢——「你以爲你以爲的就是你以爲的嗎？」

以上是我們對「觀察」的概念進行的一次簡單梳理，那麼接下來，我們就來聊聊在生活中，我們究竟該如何正確地去實踐「觀察」呢？其實說到底，最根本的方法只有一個：建立主動的觀察意識。

所謂「觀察意識」可以藉由人的意識發展來簡單說明。我們所有人在剛剛出生時，是處於一種無意識狀態，或者說是處於一種混沌的狀態。我們沒有自我意識，對所有事物都沒有認識，所以都特別好奇。

我們的潛意識基本來源於母親，也就是我們所說的「母子共體」，然後隨著年齡的增長，才開始越來越多地去認識周邊的人和事物，認識這個世界，並有了對待人和事物的判斷，在這個過程中建立了所謂的自我意識。

在生活中，我們大部分的觀察源自於無意識狀態下的觀察，或者說是一種被動的觀察。這樣的觀察模式讓我們在與人相處時，過於相信自己的感覺以及第一印象，過早地建立了對於這個人的認知方式。當對方的一些言語或行爲傷害到我們時，就會造成認知失調，前後反差就會讓我們覺得遇人不淑。

因此，我們首先必須要主動地去建立這種觀察意識，讓它由無意識轉化爲有意識，然後不斷去強化它，讓它成爲我們的習慣和本能，最終再次轉化爲無意識。那具體該如何理解以及實踐呢？有幾個建立主動觀察意識的方法供大家參考。

## 書寫觀察筆記

隨身攜帶一個記錄本，當然也可以是手機，標注好日期，寫下你的觀察目的。例如你想要觀察些什麼？怎麼觀察？想達到什麼目的？然後按照一定的觀察順序，將你所看到的一切客觀地記錄下來。你可以有自己的假設推論，但請記得，這一切都可以被質疑。

這裡給大家舉個例子。要觀察一個人，可以以這樣的順序觀察：從下至上，從他的鞋子開始觀察。可能有人會問：「為什麼不先從臉開始呢？」其實，一旦你從開始就觀察了一個人的臉，就很容易主觀地對這個人進行評價，而從腳開始觀察可以很好地避免這種情況。

觀察他的鞋子時，如果他的鞋子很髒，那可能說明這個人對於生活衛生方面並不怎麼在意，同時也可以推測這個人在生活方面並不嚴謹，甚至還可以進行這樣一種假設：可能他的性格就是這樣的。

觀察完鞋子後，再觀察他的褲子，其次是衣服，最後是臉。如果衣褲上有些褶皺或是汗跡，那就可以證明前面的部分論斷是正確的。有時，一個人身上的耳環、項鍊、戒指之類具有個性印記的物件，往往可以成爲讀懂一個人的關鍵。

## 靜觀

每天抽出半個小時的時間，拿一個杯子、水果，或是任意一個隨手可得的小物件，找一個安靜的環境，試著調整自己的呼吸，放鬆平靜下來後，將這個物件擺放在你的面前，然後僅僅是注視著它，盡量看到它的每一個細節，越多越好。

大概注視60到90秒後，將眼睛閉起來，在腦海中勾勒出它的完整圖像，細節越清晰越好。如果感覺有些細節沒有看清楚，就睜開眼睛再看一次，如此重複，直到你可以完整回憶起這個物件的每一個局部細節爲止。這樣可以有效提升你對一件事物觀察的「精準性」，最終讓自己在靜觀的情況下達到「一目了然」。

## 行觀

讓自己走動起來，穿過你的教室、辦公室，或者繞著房間走一圈，迅速留意盡可能多數的物品。然後回想一下你剛剛看到的，把所能回憶起來的盡可能詳細地說出來，最好寫出來，然後對照補充。

在日常生活中，也可以留意去看眼前的物品，然後回想其種類和位置。比如說看馬路上疾駛的汽車牌號，然後回想其字母、號碼；看一張陌生的面孔，然後回想其特徵；看路邊的樹、大樓，然後回想其棵數、層數；看看路上的招牌，然後回想其畫面和文字。

儘管很多文學作品喜歡塑造天才的故事，一些口述訪談中也不乏對於特異能力的吹捧，但是在讀心領域，所謂的「天賦」並沒有那麼關鍵——這些故事可能只是想要吸引讀者的眼球（畢竟很多出色作家本身也是心理學方面的高手），而相關的吹捧大概也是爲了塑造神秘感。實際上，是訓練讓人變得更爲強大，如果你能讓自己變得訓練有素，那麼很多謎題都會迎刃而解。

反覆的訓練可以造就傑出的觀察能力，對我們來說，更多的是要做一個「有心人」。一旦你了解上述觀察的基本原理和訓練方法，並且能在生活中有意識地去經常實踐，過段時間你就會發現，原來眼前的一切，都蘊含著過去沒有意識到的資訊，很多蒙在鼓裡的線索，居然都在無數個畫面裡呈現出了彼此印證的聯繫，那種「霧裡看花，水中望月」的日子也就逐漸遠去了。

# 第二章

# 算命先生不為人知的「撒手鐧」

## ——冷讀術

「出其不意，攻其不備。閉門造車，出門合轍。」這是我在生活中很喜歡引用的一句話，或者說，這是我非常想要達到的一種狀態。

讀心術作爲一項技術性的工作，雖然有心理學在背後提供理論支撐，但是更需要操作者的技術素養。怎樣的技術素養呢？我覺得首先是能夠獲取對方眞實想法的技術素養。

這番話說得有些拗口了，說白一點就是「我想要在對方沒有防備、沒有掩飾，甚至是沒有意識到的情況下，就完成了對對方的內心解讀」，因爲此時所得到的資訊，才是最眞實、最可靠的。基於以上的道理，我們在讀心術中就有了一個獨特的技術——冷讀術。

但話又說回來，冷讀並不是一蹴而就的，這裡面其實有些「循循善誘」的味道。你和對方在不斷深入交流的過程中，透過使用話術來一步步地抽絲剝繭，最終得出你想要的資訊，同時也讓對方大吃一驚——你說得太對了！

好了，話不多說，我們來看看冷讀術到底是什麼樣子吧。

## 何謂冷讀？

冷讀術，英文叫作「cold reading」，其中cold一詞並不是我們通常所理解的溫度低的那種冷，而是有「趁其不備、暗中、突然」的意思；而reading則表示讀懂、理解的意思。

綜上所述，如果要給冷讀術一個相對準確的定義的話，那就是：「在對一個人沒有任何事前了解的情況下，爲其進行分析（這類分析可以是心理層面的，比如性格解讀；也可以是現實層面的，比如猜測對方曾經經歷了什麼或當下有何困惑，未來是什麼樣的……），從而讓對方認爲他與你雖然是初次見面，但你卻如此了解他。」

透過上面的描述，大家是不是覺得它特別像一群人的工作內容呢？是的，我相信大家已經猜到了，那就是「算命師」。當我們理解了冷讀術，就會明白爲什麼所謂的「算命師」可以知道你生活中那麼多的經歷，甚至一些你認爲絕對不會有別人知道的事。

從本質上來說，這一切與所謂的超自然能力並沒有任何關聯，也就是說，這個世界上沒有人具有所謂通曉他人命運的能力。算命師之所以能夠如此準確地洞悉你，很大一部分都是源於冷讀術這項技能。掌握了這項技能，你就能夠看透他人心理，從而讓他人按你的想法去做事。

這項技能既可以用於日常人際交往，也可以運用到商業談判中。我們今天之所以要了解以及學習冷讀術，就是希望它可以幫助你在日常生活與工作中，能夠與他人更好地相處，建立和諧的人際關係，或者讓他人更好地接受自己的建議。同時，它還可以讓我們免於在人生絕望時被某些心術不正之人所利用。你一定要記住我說的這句話：「任何人都不具備掌控你命運的能力，只有你。」

可能很多人會問，冷讀術與我們平時所說的讀心術到底有什麼關係呢？乍聽之下兩者貌似是一回事，但其實它們之間有著本質的區別。簡單來說，它們之間是包含與被包含的關係。

我們之前提到過，想要讀懂一個人，最重要的是培養我們的觀察者視角，去觀察一個人言行舉止當中所滲透出的潛意識層面的資訊。從本質上來講，讀心術是帶著某種目的去察言觀色，其範圍更廣；而冷讀術則是在某種特定的條件下去觀察他人。

當然有冷讀，就必有熱讀。什麼是熱讀呢？熱讀是透過事前對一個人的各方面進行調查或觀察，獲取一定程度上客觀確鑿的資訊後，經過我們的語言加工表達出來，給對方營造出一種「這個人可以讀懂我內心」的錯覺。換句話說，冷讀更多的是我們基於邏輯常識的推演或者猜測，而熱讀則更多的是有客觀依據的觀察與描述，只不過這種觀察是暗中進行的，然後由我們的言語描述出來。

說了這麼多，你一定會問，在對一個人沒有任何了解的情況下，究竟該如何才能了解對方的內心活動或過往經歷呢？

## 冷讀術是如何工作的？

接下來，就讓我們來進一步看看，「冷讀術」的工作原理究竟是什麼。

說到這裡，我們不得不提一個在心理學界非常著名的試驗：福勒效應，也稱「巴納姆效應」，這一實驗經常被心理學教授在大學講授「僞心理學」時所使用。

一九四八年，美國心理學家伯特倫・福勒以自己的學生爲實驗對象做了這個試驗，他複印了一份所謂的「個性分析」，並分發給參與試驗的所有學生。他告知這些學生，他們拿到的這份「個性分析」是專屬於他們個人的。

學生們在認真閱讀後，需要根據測驗結果與本身特質的契合度評分，0分最低，5分最高。這些學生拿到的其實是同一份「個性分析」，但儘管如此，這些參與實驗的學生，仍然認爲他們所拿到的這份分析文章與自身的個性品質契合度在八成以上，最後的試驗結果令人跌破眼鏡：平均分數爲4.26分。

福勒教授在試驗後，公布了這份性格測試中關於性格的描述，它們全部來自於星座與人格關係的文章當中。

從分析報告的描述可見，很多語句是適用於任何人的，這些語句後來以心理學家保羅·米爾以雜技師巴納姆的名字命名爲「巴納姆語句」。而這個試驗爲我們揭示出了一個人類所共有的心理現象：人們常常認爲一種籠統的、一般性的人格描述十分準確地揭示了自己的特點，當人們用一些普通、含糊不清、廣泛的形容詞來描述一個人時，人們往往很容易就接受這些描述，並認爲描述中所說的就是自己。

正如巴納姆在評價自己的表演時說，他之所以受歡迎，是因爲節目中包含了每個人都喜歡的成分。有趣的是，英國當代魔術師、心理學研究者達倫·布朗在他的電視節目「心靈控制」中再現了這一個試驗，試驗中甚至有參與者爲所拿到的性格分析打出了4.9的高分，實在非常值得我們深思。而我們今天所說的「冷讀」，其實就是這一試驗的現實再現。

大家一定很好奇，福勒教授所使用的這份性格分析究竟是什麼樣的描述，能讓這麼多人都感覺說的就是自己呢？那麼，接下來我就爲大家分享兩個所謂的「巴納姆語句」或者我們將其稱之爲「冷讀式的語句」。以下這段來自於福勒教授的實驗：

你祈求受到他人喜愛，卻對自己吹毛求疵。雖然人格有些缺陷，大體而言你都有辦法彌補。你擁有可觀的未開發潛能，尚未就你的長處發揮。看似強硬、嚴格自律的外在掩蓋著不安與憂慮的內心。許多時候，你嚴重地質疑自己是否做了對的事情或正確的決定。你喜歡一定程度的變動，並在受限時感到不滿。

你爲自己是獨立思想者自豪，並且不會接受沒有充分證據的言論。但你認爲對他人過度坦率是不明智的。有些時候你外向、親和、充滿社會性，有些時候你卻內向、謹慎而沉默。你的一些抱負是不切實際的。

大家讀完這段話之後，有沒有感覺它說的就是自己呢？我們再來看以下內容，它來自於英國魔術師達倫．布朗的試驗：

你是個喜歡自我反省的人，經常不定期地進入自我覺察的狀態中。這個習慣與你擁有的高超社交能力（你時常是聚會中的靈魂人物）互相對照，形成了鮮明的對比。但社交明星的形象只是你展現給別人的樣子，你太清楚這只是一個膚淺的表象。

這意味著，你經常發現自己處在一個聚會之中，並扮演著某個角色。一方面，你口吐蓮花，妙語連珠；另一方面，你常常會看著周圍的萬事萬物，發現自己無論如何也無法融入。你會在大腦裡與自己強烈地對話，猜測某人的某句話到底是什麼意思，而這句話好像其他人根本不會去在意。你是如何學會處理這種衝突的呢？透過自制力的訓練。你喜歡給大家呈現一個冷靜、自信、穩重但又不失靈活的人（不過鑒於這種形象是你刻意訓練出來的，如果壓抑久了就會產生某種反彈，讓你做出一些愚蠢而又搞笑的舉動，有時候你非常享受偶爾出現的極端行爲）。

與別人在一起時，你很容易發現自己這種良好的自制能力。你已經開始漸漸明白，與別人保持一定距離才能保護自己。鑒於以前別人曾讓你深深的失望（此外也因爲你在學習調整行爲的過程中出了些問題），本能地與他人保持距離已成爲你的習慣，直到某一天你決定允許他人越過你心中那條若有似無的線，成爲可以分享你內心世界的密友。

但是，這對於你而言仍舊是非常矛盾糾結的事情，因爲一旦跨過了這道線，你就可能產生情感依賴的問題。如果對方辜負了你的期待，你會很容易出現受傷和被排斥的感覺。

好的，我相信大家在讀完以上標準的「巴納姆語句」或者「冷讀語句」後，一定發現了，這些話其實適用於所有人。但大家一定又會想說：「算命大師怎麼可能會用這些適用於所有人的話語給我們挖坑呢？我們又怎麼會這麼容易就深信自己被說中了呢？」請不要著急，帶著這些疑問我們繼續往下學習，你會找到答案的……

其實上述的冷讀話術之所以會騙到大家，是因爲它巧妙地利用了人類的四種共有心理：

## ①具體化心理

首先，具體化心理是指，人們傾向於將籠統模糊的資訊，轉化爲具體的經歷或者說可以被認知的事物，然後進行理解和接納。

我們以上述實驗中的冷讀語句爲大家解釋一下這個原理，當我說到「你的一些抱負是不切實際的」這句話時，你是否會發現，你的大腦已經開始幫你自動搜索出了很多不切實際的抱負？再比如，當我說「你已經開始漸漸明白，與別人保持一定距離才能保護自己」這句話時，你的大腦是不是會幫你搜索出你曾經是如何被人傷害，又是如何與人本能地保持距離，從而獲取安全感的經歷呢？

也就是說，當你聽到模糊不清、模稜兩可的資訊時，你的大腦就會根據你以往的經驗自動幫你加工成具體的資訊了。這也就是爲什麼在生活中，我們總是因爲一個人的話語所表達的意思不明確進而產生誤會。因爲這些模稜兩可的資訊確實沒有表達出任何意思，而我們聽到的，僅僅是我們想聽到的。

## ②補充心理

我們再來看看什麼是「補充心理」。補充心理，是指我們總是會對不完整的資訊進行完整化的補充，我們也可以理解爲所有人都喜歡「塡空」。事實上，我們需要學會留白，在日常溝通交流中，這一點尤爲重要。不要把話說得太滿，會有人替你補充。

## ③主觀驗證心理

而「主觀驗證心理」則是指如果想要相信一件事，我們總可以搜集到各種支援自己的證據。就算是毫不相干的事情，我們還是可以找到一個邏輯，讓它符合自己的設想。

想要理解這一點，只需要看看我們平時是如何相信星座的，就會非常清楚，其實這就是所謂的邏輯閉環。當我們願意相信水瓶座具有天馬行空的幻想與理想主義時，我們就會在我們身上去找到所支撐這一論斷的依據，並且無限制的放大，同時縮小那些說得不準確的資訊，同時進行一輪又一輪的自我循環論證。就算沒有，我們甚至會無意識地變成一個理想主義者，並告訴身邊的人：看吧，水瓶座就是這麼的理想主義。

這也就是羅伯特．默頓所提出的「自我實現預言」。而這同樣說明了，為什麼算命師所預言的事情往往都會在生活中眞的發生。當我們理解了這個主觀驗證原則，再回過頭去看看之前的那兩部分「性格分析」，你一定就會發現，你在不知不覺中就爲那些原本含糊不清、或者說符合所有人的資訊，找到了堅不可摧的事實依據。

## ④不安全心理

最後，我們再來看看這些冷讀話術是怎樣利用我們的不安全心理的。是的，不得不承認的是，在這個焦慮的時代，每個人都或多或少的存在著不安全感，尤其是二十多歲的年輕人，都會傾向於對自我進行探索，喜歡琢磨「自己到底是誰，從哪裡來，到哪裡去」的哲學問題。

在上述兩部分「冷讀話術」中，幾乎所有的描述都是人性中普遍具有的弱點，但因爲言語溫柔親切，極易給人一種被讀懂的感覺，幾乎不會使任何讀到這些文字的人產生抗拒。

比如上述性格分析當中有這樣一句話：「看似強硬、嚴格自律的外在，掩蓋著不安與憂慮的內心。」當我們單獨把這句話拿出來看時，你會發現這句話其實是一段矛盾對立的描述，而這種矛盾對立的說法又非常準確地描述了幾乎所有人都存在的一種內心狀態，加上這句話非常具有心靈撫慰的效果，因此我們不會產生抗拒感。

再比如說，當我們直接對一個人說：「你有時很外向，有時又很內向。」你會發現，這樣的性格描述有些生硬，沒有感情色彩，甚至很容易讓人感覺你說了一句廢話；但按照冷讀話術，這句話是這樣描述的：「你是個喜歡自我反省的人，經常不定期地進入自我覺察的狀態中。這個習慣與你擁有的高超社交能力（你時常是聚會中的靈魂人物）互相對照，形成了鮮明的對比。但社交明星的形象只是你展現給別人的樣子，你太清楚這只是一個膚淺的表象。」

發現了嗎？當我們使用冷讀術的思維去重新加工這句話時，這句話就變得非常眞誠而且可信了。雖然這句話仍然是在描述一個人有時很外向有時又很內向，卻因爲描述添加了具體的生活與社交場景，又頗具感情色彩，因而瞬間變得生動有趣。加上這句話其實是在暗示對方是個性格十分有趣的人，聽到這句話的人也會因自己被理解而心生感動。

當我們在冷讀一個人時，請試著把他描述成一個有趣的人吧，這會令對方心生歡喜。

## 如何實踐冷讀技巧？

那麼，我們如何才能學會這項技術，又當如何正確使用呢？接下來我們將著重講解如何在生活中實踐冷讀術，有幾點需要大家提前知道：

### ①使用冷讀術之前你必須知道的四大原則：

1.永遠保持解釋而不是猜測的心態。

2.盡可能地讓對方說他想說的話。

3.盡可能說對方想聽的話。

4.永遠將你見到的所有人視爲這個世界上「獨一無二」的人，對他時刻保持高度的好奇心。

## ②冷讀的七大基本功

1. 盡可能多掌握既定的「冷讀話術」。
2. 學會使用語言分叉技術。
3. 不斷培養以及提升自己的觀察能力，善於透過對方身上的行爲痕跡揣摩對方的心理。
4. 冷讀時，語氣要顯示出高度的自信，盡可能地做到像在陳述事實，這樣會減少對方對你的質疑。
5. 學會根據所觀察的事實進行大膽推理。比如一個人經常喜愛穿純黑色的衣服，你便可以描述爲：「你看上去非常有氣質，很神秘，你應該非常喜歡頗具神秘色彩的事物。」
6. 善於做一位傾聽者。
7. 不要忘記任何你所聽到的資訊，尤其名字、地點、日期的相關資訊。

下面，我們就針對以上這四大原則與七大基本功，爲大家進一步詳解冷讀術的核心工作原理。請允許我在此聲明，我們學習冷讀術的眞正目的，不是爲了利用冷讀技巧去成爲一個算命先生、或是以此去欺騙相信你的人，而是更能與他人建立信任關係，同時能夠讓他人接受你所給出的建議，從而提升你們之間的「親密感」。

我們先來說說這四大基本原則。關於「**永遠保持解釋而不是猜測的心態**」這一點，是很多人在使用冷讀話術時會出錯的地方。我們很容易在一開始將冷讀話術當作猜謎遊戲來使用，猜對之後表現得洋洋得意，但恕我直言，這樣的狀態並不會贏得對方的信任與好感，只會讓對方發自內心地感到厭惡。

任何人在冷不防的情況下被說中自己的心事，都會本能地產生抗拒，敬而遠之。所以正確的態度不是「猜」，而是在給自己所看到的資訊一定的合理解釋。

例如當我們透過一些觀察，得出某人是一個非常情緒化的人，甚至有些神經質的結論時，我們就不可以當面直說，而是應該想辦法將你所得出的結論與對方言行舉止中透露的資訊做一致化處理。

你需要仔細觀察他是否眞的有從言行舉止中流露出情緒化的傾向，並在合適的時機用解釋的語氣說出來。比如你看到了他每次穿的鞋子都是非常乾淨的，但鞋子又並不是新買的，也許就說明了此人異常注重外在形象是否給他人留下好印象。他可能將安全感建立於外部世界的，因此比一般人更加焦慮且敏感，情緒化的現象也可能更加強烈。

關於**「盡可能地讓對方說他想說的話」**這一點，我相信身為一名讀心者必須做到：我們說什麼不重要，重要的永遠是對方的表達。從冷讀的角度來說，對方說得越多，我們可能獲取的資訊就越多，因此在與他人的對話過程中，千萬不要急於發表意見或是打斷他人的傾訴。

大家一定要時刻謹記，只有當對方感受到你是眞心眞意地傾聽他的訴說時，他才有可能會付出更多精力來聽你說話，從而也就更有可能願意相信你給出的建議。

關於**「盡可能說對方想聽的話」**這一點，透過上述分享的福勒實驗中的冷讀話術。我們應該不難發現，大部分語句都是我們樂於聽到的，比如：「你是個喜歡自我反省的人，經常會不定期地進入自我反省的狀態。」這句話，難道有人不喜歡被別人這麼看待嗎？

在生活中也是如此，當另一半在向你展示新入手的衣服、鞋子或是包包時，並不需要你說：「你不應該太過於講究外表，而是要提升內在。」這樣的道理，對方僅僅是希望得到你的讚美。

因此，如果我們想要成爲一名合格的讀心者，一定要不斷提升自己在這方面的能力。在說話前永遠思考，眼前這個人，他想聽的究竟是什麼？

關於**「永遠將你見到的所有人視爲這個世界上『獨一無二』的人，對他時刻保持高度的好奇心」**，要想更透徹地理解這句話，我們還是需要從戀愛關係中來看。

我們經常在情侶的爭吵中聽到類似「我在你眼裡究竟有多重要」這樣的話，它背後所傳達出的意思往往是：「我希望我在你眼裡是獨一無二的。」

再回到冷讀術的目的來看，不就是希望與他人更深入地建立親密關係嗎？永遠將你眼前出現的這個人當作是獨一無二的，用心去留意他的一舉一動，你會有非常多的發現。從這個角度而言，我們需要時刻警惕一種慣性思維——雖然人以群分，但永遠不要以一類人去框定某一個人。

以上就是我們所說的使用冷讀術之前，應該要了解並踐行的四大原則。我們只有在充分實踐這四大原則的基礎上，才有可能發揮冷讀術最大的效應。接下來，我們就帶領大家進一步學習冷讀術的基本功。

首先，七大基本功最根本的一點，是需要我們盡可能在生活中搜集冷讀語句，也就是我們前面分享給大家的那兩部分性格分析中的語句形式。在這裡，還有一些我們經常會使用到的語句，比如：

你擁有很強的創造力，並且嘗試了很多種辦法來實現它，但很多都半途而廢了，也許你並沒有以某種具體的方式來實現它，比如畫畫、寫作，而是將自己所擁有的這種創造力付諸生活的各種細節當中，甚至你的生活方式本身就充滿了創造力。

這一段話如何？你是不是很喜歡呢？當然，每個人都會很喜歡這類的分析，這句話之所以會讓人感覺到擁有很神奇的契合度，是因爲如果你恰好學習過繪畫或寫作，就會認爲這句話說得很準，而忽略掉其他的部分；即使你沒有學過繪畫或寫作，沒關係，你也同樣會因爲自己的內在創造力被人發現而洋洋自得。

這就是所謂的冷讀話術，是不是很耐人尋味呢？我們繼續給大家一些這樣的句型：

你本能地與他人保持著某種程度的距離，這已然成爲你的一種習慣，直到某一天，你決定允許他人越過這條你內心的界限，成爲你的知己好友。但你會發現，對方一旦越過，你又會感覺到極度不適，因爲你很容易對對方產生情感的依賴。

這句話其實是在闡述「一個人很容易對他人產生依賴」的觀點，但卻因爲添加了很多放諸四海皆準的話語，給人一種被讀懂的安慰。聽完這句話，對方的內心就會感到：「哇，居然有人這麼懂我的苦惱！」其實這句話並沒有說到什麼具體的資訊，只是因爲它的表達方式非常具有開放性，讓人從中看到了自己想看到的東西。

想必大家看到這裡，已經可以抓到冷讀話術的基本結構了。相比於乾巴巴的直接斷言，冷讀話術因爲添加了一些情感類的話語，更能令人產生共鳴。

說到這裡，你可能依然會質疑，這樣籠統概括的話術，眞的可以發揮讀心的效果？這裡我想引用一本古老的美國靈媒書籍《通靈師筆記選摘》中的幾句話：「世界上根本不存在眞正的通靈師，也就是所謂的可以自由與死者溝通、並將其資訊傳播給他們在世親友的人，也不存在所謂的可以精確有效地預測人們未來生活的人。這樣的預言都是假的，只不過用了好看的包裝來騙人。請記住，越絕望的人越容易上當受騙。緊張焦慮是絕望的一個重要標誌，你可以從對方的言行舉止中判斷出其是否正處於這樣的狀態。」

冷讀術之所以迷惑人心的作用，僅僅是因爲我們需要安全感，而這些聽起來讓人感到非常舒適的話語往往可以滿足這種心態。當然你一定會想，萬一這些話說出來卻被對方否定了，不就一切都不成立了嗎？別著急，這就是我接下來爲大家分享的。

## 冷讀術的核心技巧

冷讀術成功的關鍵技巧──語言分叉術。當你的話語受到對方的質疑時，語言分叉術的使用，可以幫你迅速且不動聲色地跳出這一尷尬的境地。語言分叉術又分爲兩個基本部分：

### ①無法證實的預言

有些所謂的算命大師經常會說，你在某年某月會戀愛，如果到了那時你沒有戀愛，算命大師又會說，你身邊已經出現了這個合適的人選，只是你並沒有留意，或者你做了什麼事情導致你無緣這段戀愛。

這就是所謂的無法證實的預言。那麼我們在日常生活中該如何運用這一技巧呢？當你在讚美別人時，它非常有用。比如，當你想要讚美一位你心儀的女孩，你可以說，你最近談戀愛了吧？這個問題還可以幫你有效直接地了解到你是否存在情敵，如果她的回答是沒有，你也可以直接回覆她：「沒有嗎？那爲什麼你的氣色看上去這麼好？感覺整個人更加漂亮了。」

有沒有發現，這樣的讚美方式，要比你直截了當地讚美他人，更容易使人相信你的眞誠呢？

還有一種情況是，當你詢問對方是不是戀愛時，對方會回覆你爲什麼會這麼問？這時你就應該知道，你已經說中了，而你的回覆當然不能是「我猜的」，你依然可以使用無法證實的預言。你可以這樣回答：「一看你的氣色就知道了啊，你眼裡充滿了喜悅以及對周圍事物的好奇，一定是你男朋友激發出了你少女心的一面，他應該是個很不錯的對象吧！」

這樣，你不但誇讚了這位女孩子，同時也誇讚了她的男朋友，她還有可能會因此更加信任你，向你傾訴更多資訊。

## ②動態折返

有時我們會這樣解讀一個人：「你的脾氣不是很好，這難免會給你在人際交往的過程中帶來不必要的麻煩。」這樣的說法可能會得到對方的肯定，也可能被對方否定。

如果得到的答覆是肯定的，那麼你可以繼續進行冷讀：「這種脾氣對你而言是可以被理解的，因為你已經意識到了問題的嚴重性，你身邊的親朋好友明知道你這樣的脾氣卻不敢告訴你，是因為害怕你產生抗拒。你目前的狀態已經在提示你，你應該直接面對身上的某些東西了，因為它們會阻礙你建立良好的親密關係。」

當我們的冷讀遭到否定或質疑時，我們不能輕易放棄，而應該迅速調整心態，使用動態折返，將話語修改如下：「請原諒我沒有說明，脾氣大並不代表你經常暴跳如雷或是大吵大鬧，鑒於你是一個善於壓抑自己情緒的人，即使內心早已掀起滔天巨浪，外表看起來仍舊波瀾不驚。你總因此失眠，有時甚至討厭這個狀態的你，但卻無力改變。」

你會發現，當我們使用動態折返的技巧，將話題引向了對立的一面，不僅沒有讓我們的冷讀產生錯誤，反而讓我們的表達更爲深刻。

如果用一句話來總結「動態折返」，那就是，當你說出一個推論，就要開始關注對方的反應。這種反應不一定是言語的反應，也可以是表情或動作的反應。當你發現了對方的蛛絲馬跡之後，就必須要馬上做出反應。你需要將話題進行分叉轉移，直到對方肯定你的解讀爲止。

這便是七大基本功中最重要的核心技巧，也是算命先生所使用的終極語言技巧。再次強調，當你對生活焦慮不安時，你便很容易中冷讀術的圈套。

## 培養出色的觀察能力

提升觀察力對於讀心術的重要意義，在此不多做贅述。總結一下，你需要觀察一個人的哪些地方：

1. 頻繁出現的強迫性小動作。它提示你對方內心正處於焦慮不安的狀態，同時也說明對方具有情緒化的傾向。
2. 留意對方的鞋子是否經常處於非常乾淨的狀態，以此推測對方是否過於注重自身的外在形象？做事多以自我爲中心？有焦慮症、強迫症的傾向？

3.身上的配飾。配飾具有很強的情感調節與身分識別作用，仔細觀察，至少可以說明對方的經濟能力。當你看到對方手上佩戴了佛珠一類的飾品，如果對方不是上了年紀的收藏愛好者，就一定是充滿著不安全感的迷茫者。

4.注意觀察手的樣子，能夠判斷對方的工作環境是乾淨還是髒亂的，這有助於我們識別出對方的職業。

5.留心觀察對方隨身攜帶的物品。

6.注意對方的言語和用詞習慣。如果對方經常以「我認爲」「我覺得」爲開頭來發表講話，則此人有極大的自私自戀傾向。

7.年齡。很多人（尤其是女性）是比較忌諱別人問其年齡的。

8.健康狀況。如果對方在站立或者坐臥時喜歡依靠某些東西，這通常表明對方的氣血不足，或者說生命力不夠旺盛，處於亞健康狀態。如果對方的眼球顯得有些混濁，這說明對方可能存在睡眠問題。如果對方腰不夠挺、背不夠直，而且走路時給人一種上了年紀的感覺，那麼他很可能是長時間處於焦慮不安的狀態。

以上這幾條是大家在做冷讀之前所需要反覆仔細觀察的地方。希望大家在生活中多多留意。

## 冷讀術的使用流程

最後，在這裡提供大家一套冷讀的使用流程，說明使用時的思路：

1. 謹記四大原則，並長期踐行。當身邊的人感覺到你是一名很好的傾聽者時，你的冷讀術就只需要等待一個合適的時機了。
2. 注意使用冷讀術時的聲音、語調，盡可能地保持語速緩慢，聲音低沉且富有情感。當然一定要保持陳述的語氣，減少質疑的口吻。
3. 根據自己的觀察，整理幾句適合用於開場的冷讀話術，例如：「你有沒有發現你的個性很容易吃虧，但你卻並不討厭這樣的自己」「你安靜的外表雖然給我冷冰冰的感覺，但我好像可以感受到你的孤獨」等。
4. 說出開場冷讀話術後，觀察對方的表情，等待對方的回覆，得到肯定的答覆後再繼續解讀。

如果對方對你產生了強烈的好奇，建議不要繼續冷讀，這會讓你不自覺進入賣弄的感覺中，要學會留白、維持神秘感。這一點很重要；如果遭到了否定，靈活運用動態折返技術，將話題轉移到對立的一面，如果繼續得到否定，就再折返回來，迴圈反覆，直到對方肯定爲止。

如果實在不知道該如何往下進行，不妨試試「無法證實的預言」，比如，你可以說：「你眞的給了我這樣的感覺，我相信你可能沒有意識到……」

雖然講完了冷讀術的四大原則、七大基本功和使用流程，但需要注意的是，冷讀術並不是那麼輕易能夠練就的。這裡面既要有熟練的技術，更要求冷讀者自身的強大心理素質──否則，還沒等你摸清楚想要的結果，對方就已經發現了你的破綻，那就尷尬了。

我建議各位讀者在不必要的情況下，不要強行故弄玄虛去使用冷讀術，以免弄巧成拙。在眞正使用冷讀術時，請先建立起你自己對於交流和試探性對話的自信心。

我們說人天生傾向於得到「答案」，換言之，每個人都有關於人生各種命題的疑問，這是否向我們提示了一個非常重要的資訊：順著人們心中的疑問走下去，也許我們就能促使「親密感」的建立？

最後，你是否想知道，不同年齡的人最想聽到些什麼？他們心中的疑惑有哪些呢？我們又應該如何巧妙地利用冷讀技巧呢？（考慮到大部分讀者的實際訴求，僅以18—55歲的男女來舉例。）

**多數18—35歲的男性心中的困惑：**

1.工作：我是否應該換工作？

2.個人成長：我應該做些什麼讓我自己成長得更快？

3.情感關係：已到適婚年齡的我，究竟應該何去何從？

4.安全感：有人願意在事業或生活上幫助我，我應該欣然接受嗎？

5.心理狀態：我總感覺內心有一種強烈的莫名焦慮，我該怎麼做呢？

**多數18—35歲女性心中的困惑：**

1.吸引力：我想知道我在男人眼裡看起來是怎麼樣的？

2.自我否定：我是不是不配得到某人的愛？

3.情感關係：面對異性的追求，我不知道該如何處理？

4.社交關係：爲什麼我總感覺別人在針對我？
5.獨立：我想要經濟獨立，但我究竟該怎麼做？

**多數33—55歲男性心中的困惑：**

1.事業：某個重要的生意會不會如我所願交易成功呢？我應該爲這個項目投資嗎？
2.健康：爲什麼最近我總感覺身體不舒服？
3.關係：爲什麼我總感覺別人不喜歡我？
4.目標：對於我來說，現在再去追求什麼是不是太晚？

**多數33—55女性心中的困惑：**

1.婚姻：我對於我的丈夫是否對我忠誠拿捏不準。
2.命運：我想知道我爲什麼一直感覺不順？
3.健康：身上出現的某個症狀是不是警告我得了什麼嚴重的疾病？我該怎麼辦？
4.選擇：我該如何判斷我的選擇是正確的？

5.遠行：我是不是應該經常去旅行？但我好像因爲各種事情牽絆始終沒辦法做到。

了解這些話題，可以讓我們在初次見到某個人時，就能透過觀察以及其他細節發現對方心中的困惑；或是當他人主動向我們傾訴這些問題時，我們可以有效地透過冷讀去給予回答。

當然，我們在冷讀時要做到不替他人做決定，不傷害他人。比如，有一位25歲的女性詢問你「我感覺某人總是針對我」時，你應該如何組織你的冷讀話術，把話說到對方心坎裡呢？你不妨試試這樣回答：「我能夠從你最近的狀態中感覺到，你總是被這種莫名的情緒所壓迫，你總感覺她在針對你，甚至開始影響到你的工作狀態，但其實你也很清楚，這種威脅只存在於你的腦海中，而對方可能並不是很關注你。換句話說，你內心中也許眞的存在一個敵人，但你清楚那就是你自己，如果你不去理會她，她也一定傷害不到你。」

踐行冷讀是爲了說對方易於接受的話語，從而與對方建立牢固的信任感與親密感，給對方營造出一種被讀懂被理解的感覺。但請切記，千萬不要將其應用到算命和迷信上，畢竟，我們都不是別人命運的主人。

第四章

# 讀心人的思維方式

從某種意義上來說，每個人都以「頻道」的形式向外部傳遞資訊，那麼一個人身上究竟有多少值得我們接收資訊的頻道呢？我們將從以下幾個問題進行探討。

1.情緒與情感。
2.表情。
3.私人空間中的「痕跡」。

哪怕是最豪爽、最粗線條的性情中人，都會有那麼幾個瞬間，爲自己釋放出的或極端或糟糕的情緒而後悔。想要管理自己的情緒，首先你要成爲情緒的「知己」，然後才有可能成爲情緒的「主人」。

在本章，我們會先從了解情緒開始，逐步剖析情緒背後蘊含的基本規律。有了這些規律，我們就能夠駕馭自己的情緒，不讓自己變得那麼「透明」，而當我們眞正懂得「情緒」時，就是我們距離人心最近時……

## 情緒與情感

洞悉他人的情緒，是我們解讀他人的一條重要途徑，因爲情緒對於我們每個人而言總是後知後覺的。說得通俗一點，我們的行爲和決定總會被情緒控制，很少會做出我們眞的認爲應該做的事情。我們更多時候被情緒所驅使，做出某個決定或行爲發生之後才來苦惱，爲什麼我們會選擇那樣的方式來處理事情？從某種意義上來說，我們都是情緒的「囚犯」。

我們所要搞清楚的第一個問題是，情緒究竟是什麼？從何時開始我們有了情緒？這個問題在人類學、行爲學與心理學都有相關的理論探索與研究，到目前爲止，我們基本可以確定的是，情緒是人類與生俱來的、不受國家與文化的制約，所有人都具有同樣的基本情緒。

常見的基本情緒有悲傷、憤怒、驚訝、恐懼、厭惡、蔑視、高興、愉悅等，我們身在不同文化或語境中，所以情緒的表達方式並非別無二致，這涉及我們稱之為「表露規則」的概念。

著名心理學家保羅．艾克曼在其《心理學家的面相術》一書中，說所謂「表露規則」，是指人們在社會生活中學到的，依照不同文化而產生的不同的控制表情的規則，意即某人應該向誰表現何種情緒，以及什麼時候表現。

也就是說，我們表達情緒的方式大都是透過後天學習得來的。比如空服員在服務乘客時的微笑，父母從小教育我們在公衆場合要注意儀表，情緒不要過於誇張等。

不同國家的文化對於情緒表達也有不同的要求，比如日本人就要比美國人更加懂得抑制自己的負面情緒，所以我們常看到美國人在說話時「聲情並茂」，表情比較豐富，而日本人則盡量以微笑來抑制內心負面的情緒。

也正因爲面部表情會遵循這樣或那樣的表露規則，所以有時是充滿欺騙性的。身爲讀心者，我們需要做的，就是根據具體的情緒誘因去推導此時對方應該具有的情緒，然後透過微表情觀察訓練，去鑒別此時對方所展現的表情是虛假還是眞情流露。

從另一個角度來看，情緒就像是生存機制一樣的生物機制。當生活中的突發事件無法給我們足夠的理性思考時間時，情緒就會超越理性而出現，這也就是我們現在所說的「急性壓力反應」。

遙想我們的祖先在野外覓食、打獵時，爲了生存，他們必須立刻做出很多即時反應。比如當我們在面對一隻老虎時，哪有時間進行所謂的邏輯分析？

我們一定會在情緒的控制之下做出一連串保護自己的反應。

情緒會在我們面臨個人利益或生命威脅時代替理性做出行動，這也就是我們常說的「下意識」。但除了幫助我們做出判斷外，也可能會給我們的生活帶來麻煩。比如「情緒化」時，我們會做出在旁人看來完全不合邏輯、或是極為衝動的決定或行為。這種不適當的情緒化，大致可以分為下列三種情況：

**①我們表現出來的情緒相對於感覺過於激烈**

比如擔心的心理體驗是正常的，但是擔心過度就會導致「恐懼」。

**②有情緒是正常的反應，但是表達方式卻不正常**

比如生氣是正常的情緒反應，但我們卻非要在生氣時保持沉默，這就是不正確的處理方式。如果我們把情緒看作一種能量，能量必然是守恆的，當我們生氣時，若不透過合理的方式疏通出來，而是透過諸如沉默的方式壓制下去，那麼這股沒有消失的負面能量會到哪裡去呢？

## ③第三種是不適當的情緒化

這既不是因爲我們表現出來的情緒過於激烈，也不是因爲我們處理情緒的方式不對，而是在某些時刻，我們所產生的情緒本身就是不合理的。

這種不適當的情緒化往往比以上兩種更能夠造成可怕的後果，也很難改變。說得通俗一點就是，我們並不是害怕面對事情，也不是表達害怕的方式不對，而是事後才發現，當時根本沒有必要害怕。

仔細想想，自己的生活中有沒有類似的事情呢？如果有，請你一定要記得，這一類的不適當情緒化，有可能導致我們生活得非常不愉快。

那該如何改變現狀呢？想要改變情緒化，我們首先要能識別出發生在我們身邊的多種情緒誘因。如果我們可以清晰地識別出哪些情緒誘因是我們不想要的，就可以更好地管理情緒。

大致來說，情緒的誘發因素被分爲九種：

## ①自動化評估

往往是以集群的形式存在的，因此我們也稱其爲「自動化評估集群」。這個集群與我們用來接收外界資訊的各個感官如視覺、聽覺、味覺、嗅覺等相連接，除此之外，自動化評估能夠成爲引發情緒的最大誘因，還關乎於人類的進化過程。

比如很多人會不同程度地害怕蛇、蜘蛛，或是怕黑、怕高，也就是說，人類共有的情緒誘因並沒有伴隨著生物進化而消失。這些誘因發生在我們的祖先身上，留存於我們的基因當中。

情緒的產生通常都是來自於自動化評估，這套評估系統會時時刻刻地檢測周圍世界的動態，並透過我們的五官感知外界發生的一切是否與我們先天經驗所能產生情緒的事情相關。

## ②思考性評估

舉例來說，當你在與某人交談時，對方的某一句話或是某一個舉動會引發你的一連串思考，尤其是當你在揣測他爲什麼會這麼說時，必然會產生情緒。這種情緒可能是厭惡也可能是愉悅，但我們總是會無意識地將對方的言行與那些曾經令我們愉快或不快的經歷做某種程度的關聯。

我們經常看到或聽到這樣的場景：某位女性質問她的男友，你是不是和那個女人有曖昧？此時她的雙眼會直視男友，男友此刻的行爲舉止就會成爲女友驗證他有沒有說謊的參照物。如果男友表現出以往說謊時的那種不自然，女友瞬間就會判斷男友說謊了，原因就是女友關聯了以往的經驗，做了思考性評估；而如果男友的表現超出了她的經驗範疇，她便無法做出判斷。

這裡我們不難發現，其實這種思考性評估往往會導致錯誤的判斷。因爲人在說謊時與單純因爲壓力而感覺到的緊張，在生理變化上幾乎是一致的，這在心理學中被稱爲「奧賽羅的錯誤」。

也許大家會發現，「思考性評估」與「自動化評估」有些相似，沒錯，它們之間的運行機制大致是這樣的：當我們面對一個人或一件事物的刺激之後，首先我們的自動化評估集群會試圖做出判斷，但有一種情況是自動化評估也無法即時處理的，比如剛才所說的女性質問男性是否移情別戀，這時女性也是不敢確信的。

面對外界資訊不明確的情況時，思考性評估就要接手這份工作了。她需要更多的時間來思考，另一半究竟有沒有欺騙她。雖然思考性評估可能會令我們思考的方向發生錯誤，但總歸是給了我們在做任何判斷與決定之前多多思考的時間，讓我們對自己本能的反應做出質疑。

## ③回憶

不知道大家有沒有過這樣一種體驗，每當我們想起過去發生於某個場景下的某個人或某件事情時，會一瞬間變得非常情緒化。比如回憶某段逝去的戀情時，總會想起一些非常細節的橋段，甚至回憶得非常生動，不僅有畫面感甚至連聲音彷彿都能聽得到，隨之而來的，便是久久無法平靜的悲傷情緒。

如果你深有體會，並且在回憶時感到一種悲痛的情緒湧來，說明你已經陷入「記憶重構」中。這是心理學上的一種催眠技巧，也被稱之爲「心錨」，意思是指透過充分調動回憶聯想的能力，引發我們想要的情緒和情感。

舉例來說，當我們在腦海中回憶某位至親好友離去的場景時，難免心痛、引發悲傷的情緒，這是因爲我們調動回憶時，不僅重新經歷了一次當時的事，還經歷了一次當時的感受。但我們很多人都被一件事欺騙了，那就是不少心理學家已經透過有效的研究證實，沒有人能夠確定過去發生的事情的眞實性。換句話說，記憶會隨著時間的改變而改變。

奧地利著名心理學家阿德勒認爲，對於一件確實存在的事情來說，一個人所認爲的眞相往往比客觀的、事實上的眞相更重要。過去的經歷是重要的，但更重要的是當我們回憶起那件事情時內心的想法與感受。

你的過去可以影響你現在的想法、感受和行爲，但千萬不要忘記，你現在的想法、感受與行爲反過來也會「改寫」曾經的那段記憶。且隨著時間的推移，有一天，你會發現原本悲傷的經歷再回憶起來也有値得欣慰的地方。據相關研究表明，一個人對過去的態度是形成感恩心理的關鍵，它會使你對目前的生活狀態感到滿意。

### ④想像力

想像力可以爲我們創造出想像中的鮮活場景，這一點倒和回憶頗爲相似。但你應該也可以感覺到，想像中的場景往往會帶來情緒，這種情緒可以是令人興奮且緊張的，也可以是令人備感壓力的。

比如當腦海中浮現你兩天後要參加的一場面試時，這樣的想像可能會令你在屋子裡來回踱步，變得情緒化。

## ⑤談論使人感到愉悅或興奮的過去

心理學家保羅．艾克曼在其微表情的研究中發現，僅僅讓被試者談論過去，也足以調動起他們曾經有過的情緒，這是不是給了我們一定啓發或指導意義呢？

比如當你感覺整天都無精打采時，試著找到值得信賴的同事或朋友，和對方聊一聊那些曾經輝煌的事蹟，這樣也許你一整天都會有好心情喔！

## ⑥目睹他人的情緒反應

情緒就像感冒一樣會傳染。當我們看到別人正處於某種情感時，那種情緒也會傳染給我們，使我們擁有相同的感受。比如看一段文字、欣賞一部電影或是聽一首歌曲，我們似乎都會產生共鳴。

原理大致是這樣的，我們的頭腦將這些畫面、文字、聲音或者氣味透過五官感知傳送到自動化評估體系並進行處理，從而觸動了我們的情緒。因此，你想被什麼樣的情緒所傳染，決定權在你手中。

## ⑦模仿

很多時候，導致我們情緒化的原因，僅僅是因爲從別人那裡得知什麼情況下你會害怕、什麼情況下你會開心。這種情況通常來自於童年時期父母對我們的言傳身教，比如父母會因爲什麼事情而變得情緒化，我們就會不知不覺地把他們的情緒誘因演化成自己的，這種模仿能力是我們天生具備的。

## ⑧違反社會規則

通常情況下，違反社會規則的人會激起我們強烈的情感，這個部分的情緒化反應主要是後天學習而來，比如我們都會對隨意插隊的人感到憤怒。這種群體的無意識傾向，往往是群體中的人容易忽略的。當你讀完這一節，我希望你可以在日後的生活中多多留意，什麼樣的群體習性是我們應該學習的，而什麼樣的破壞性情緒是我們應該抵制的。

## ⑨製造情緒

生活中有很多情緒，其實都是人爲製造出來的。比如你一定聽過這樣一句話：「想讓自己開心，就請先假裝開心。」這是有著充分科學依據的。心理學家發現，我們的情感會引發身體做出相應的表達。當開心時，我們會感覺身體輕飄飄的，眉毛嘴角都是向上揚起的。

既然情緒會令我們的表情以及肢體動作產生改變，那麼我們是不是也可以反向操作呢？如果我們有意識地改變自己的表情，尤其是面部表情，是不是也會引發相應的情感？出門前試著對著鏡子做出微笑的表情，相信你會有心情不錯的一天。

## 表情

說到表情，身為讀心人，我們可能很難繞過微表情這個概念。

前幾年有一部頗受歡迎的美劇《別對我說謊》（*Lie to me*），該劇以微表情領域的著名學者保羅．艾克曼為主角原型，生動刻畫了主人公卡爾．萊克曼博士以微表情解讀能力、屢屢破獲重案的故事，讓大家對於讀懂微表情的能力心生嚮往，一時間「微表情讀心術」也成了大家茶餘飯後的話題。

在《王牌對王牌》節目中，我曾結合微表情、詞語聯想測試以及肌肉閱讀去識破節目嘉賓張國立、沈騰、王源以及林更新這四人中，誰藏了我的懷錶，最後的結果是我成功了。

微表情眞的有那麼神奇嗎？在這裡，我想告訴大家的是，要想解讀微表情，我們首先要對微表情有一個合理、科學的認識。

我們需要了解並掌握的是，**人的面部主要會呈現出三種不同的表情**，分別是**輕微表情**、**局部表情和微表情**。臉部每一塊肌肉都構成了表情的一部分，但變化並不明顯。

**輕微表情**運用了臉部整體的肌肉，但是強度不會很大，也說明人的心理正處於弱勢的情感狀態；或是它表示我們可能是在有意識地掩飾某種強烈的情感，但沒有獲得成功，最終遺留下來了一些表情跡象。

比如大家在看足球節目時，當比賽結束的哨聲響起，兩隊隊員禮節性地相互擁抱。那一刻，你可以按下暫停鍵，細細地觀察失敗一方球員的表情，你能感受到對方失落的情緒。這種輕微表情會在臉上停留較長時間，因此我們很容易看到。

**局部表情**則指運用面部的一部分肌肉表現出來的情緒。這些表情可以非常強烈，也可以很輕微。正因爲如此，局部表情既可能意味著一種微弱的情感，也可能意味著某種沒能隱藏住的強烈情感。

而**微表情**顧名思義，是指面部發生的極其微小、轉瞬即逝的變化。需要提醒大家的是，在日常生活中觀察到對方臉上的某種表情可能並不是微表情，而是屬於前面提到的輕微表情與局部表情。微表情往往是裸眼極難辨識出來的，那麼，是不是說我們就沒辦法辨識它呢？其實不然。

比如，當一位員工被問到「你覺得你的老闆為人怎麼樣？」時，他非常肯定地說：「老闆為人公平正直，對待員工和藹可親。」話音未落，這名員工緊接著又說道：「老闆對我特別好，當我工作出錯時，他總是很包容……」

一個沒有經過相關微表情訓練的人很容易被這名員工的言語所打動，從而相信其老闆的為人。但事實真的如此嗎？很遺憾，如果你透過錄影的方式回看這段對話，你極有可能看到，當這名員工提到老闆為人正直而公道時，他僅僅只有嘴角向上揚起，大約形成僅1／5秒的譏諷表情，很快消失了；當他繼續說到老闆對他的錯誤常常能包容時，他又向下蹙起了眉毛，同樣轉瞬即逝，這一表情說明了當他說出這句話時，內心正體驗著害怕與擔心。如果再綜合觀察肢體動作與呼吸情況的話，我們便可以清楚地判斷出，這名員工不僅不喜歡自己的老闆，反而對他有某種程度的恐懼。

透過以上這一案例，我們不難總結出關於微表情的如下特點：

**①它停留於面部的時間非常短暫**

通常僅有1／5秒（也有一說爲1／25秒）。

**②微表情源於某種抑制與意識後的修正**

也就是來自外部的某種刺激導致我們產生了某種表情，但我們很快意識到不該出現這樣的表情，同時成功加以抑制。

想要透過微表情解讀他人，必須在有所謂「刺激源」的情況下進行，如果一個人在進行某段事先排演好的表達時，我們是無從判斷的。

**③微表情不是單一出現的，往往伴隨著與之不協調的肢體動作**

比如撫摸脖子等脆弱部位，這代表了一種安慰性的動作，意思大致是我剛才好像表現出了什麼不應該表現出來的，我很焦慮，我要安撫一下自己。

要想識別微表情是非常困難的，但正如前面所說，也並不是完全沒有辦法。

這裡分享給大家一個非常有效的方法。首先，我們需要牢記七種典型的情緒類型，分別是驚訝、悲傷、憤怒、害怕、快樂、厭惡與輕蔑。請每天抽出半小時，將這些表情的圖片觀察一遍，並牢記每一種表情動用了哪些肌肉，然後閉起眼睛，試著去回憶每一種表情的面部細節特徵，回憶一遍後睜開眼睛再確認一次。

熟悉了靜態觀察後，我們就可以進入動態的對話練習中。對我而言，最有效的莫過於找一家咖啡廳，坐在一個可以看到大部分人的座位上，環顧四周，試著遮罩他們說話時的聲音，只關注於他們臉上的表情，看看能不能找到你所熟悉的那七種表情。但是切記，不要強行對號入座，一定要確定你捕捉到了相應部位的肌肉運動。

還有一個方式也可達到這樣的練習效果，那就是看電影，但是我們要有意識地將聲音完全關掉。我建議各位可以多看看國外的電影，正如我在前文中所說，西方人通常很善於運用情緒語言，是我們用於練習的絕佳範本。當然，無論我們透過什麼方式進行練習，切記不要妄下結論。

雖然微表情的練習有助於我們識別謊言，但僅僅靠它是不行的，爲了提升識別謊言的成功率，我們必須結合其他肢體語言，甚至需要結合語言表達、人物的性格等多種因素進行綜合判斷。

也許你會有所疑問，微表情可以被掩飾嗎？其實，想要掩飾微表情幾乎是不可能的，因爲「微表情」屬於一種「急性壓力反應」。也就是說，它是我們爲了抵禦外界刺激所做出的情緒反應，而這種反應是來自於潛意識的，基本上是不依賴自我意識，所以很難自主控制，甚至更多時是連自己都不會知道。也正因爲如此，在日常生活中訓練自己觀察以及識別微表情的能力就變得非常重要了。

也許你會說，就算能夠識別出對方的微表情，就一定可以準確地識別謊言嗎？答案毫無疑問，這遠遠不夠！你還需要了解識別謊言的幾個關鍵步驟：

## ①建立常態化基準線

雖然我們擁有七種全世界共同的基本情緒，但在這個世界上，沒有完全相同的兩個人，即使在面對相同事情時，我們都有著截然不同的想法、感受與行爲。因此在評估一個人是否說謊之前，**你首先要評估他在說眞話時的表情、行爲、聲音等特徵，建立所謂的常態化基準線**。

舉例來說，你可能會有這樣的生活體驗，當我們面對一個長期相處的人，雖然我們無法準確地說出對方哪種表情或行爲出賣了他們，但總是可以很容易就知道他什麼時候說謊了，這是因爲有關於這個人的常態化基準線早就植根於我們的潛意識之中。潛意識幫助我們快速檢索出對方在哪些地方一反常態，因此我們很容易發現。

但面對陌生人時，我們就必須時刻注意、收集有關建立基準線的線索。當然，基準線的建立不僅要從微表情出發去收集，還要從行爲與其他方面去收集。在我們沒有確切把握已經建立了對方的基準線的情況下，是不能夠準確去分析對方的心理的。

試著多多在生活中觀察，你會慢慢體會到其中的奧妙。當然僅是觀察並不夠，我們還需要將對方說眞話時的表情記錄下來。無論是文字描述還是圖片儲存都可以，總之一定要記錄。而當我們建立起一個人的基準線之後，下一步呢？

## ②學會使用檢查性提問

要想令一個人出現急性壓力反應，善於運用有效的刺激是必不可少的方法，最常使用也最有效的就是「檢查性提問」。

當我們對一個人抱有質疑的態度時，盡可能先讓對方處於放鬆或愉悅的狀態下，隨意地和他簡單閒聊，記住任何涉及你所懷疑的事情，或是問一些你早就知道答案的問題，這就叫作「檢查性提問」。藉著這樣的機會，觀察他的面部表情在說眞話時是如何表現的。當你順利地和對方交流過後，就到了比較關鍵的一步。

### ③誘發謊言

舉例來說，假設你想要去買一台電腦，但你並不了解哪個品牌的性能更好，你可以透過一些別的管道先了解個大概，然後走進某個品牌專賣店，對老闆說：「我從朋友那裡得知，你家的電腦性價比非常高。」當然，我們知道性價比是一個模糊、各有論斷的詞語，但這樣的詞語便可以誘發出對方的謊言。如果對方此時向你邊賠笑臉邊說道：「是的，沒錯。」你就會明白對方有多麼不誠實了。

想要誘發對方的謊言，你需要注意兩點：第一，你的提問必須讓對方聽起來非常可信；第二，你必須完全確定你所提出的問題是一個謊言，也就是說，你需要用一個謊言去套取另一個謊言。

當我們完成了識別謊言的關鍵步驟之後，要高度注意對方在你檢查性提問過後所發生的基準線的改變。

基準線的改變往往有這樣兩種表現形式：一、對方表現出了之前從未有過的表情或行爲；二、先前可見的行爲消失或改變。比如經常微笑的人臉上的笑容突然消失了，變爲轉瞬即逝的驚訝，眉毛上挑、眼睛睁大、嘴角向耳後咧開等。

當然，基準線的改變往往會帶來一連串的反應，除了表情，還有一些其他的東西。對於測謊來說，掌握以上這幾個步驟，是非常重要且有效的。當你熟練掌握它們，甚至訓練成無意識的習慣後，你會減少犯錯的概率。

最後，我想再分享給大家一些我個人在識別謊言的實踐中，所發現的幾種很有效的「謊言情緒」：

## ①惶恐不安

所有說謊者都會面臨兩方面的威脅：第一是擔心謊言敗露，第二是擔心被他人視爲騙子，也就是擔心個人名譽。對我們來說，發現對方惶恐不安的證據是揭穿謊言的有效途徑，比如頻繁的眨眼、言語停頓、口吃、無意義的複述、提高聲調等，都是顯示對方正在體驗著不同程度的不安。

**②罪惡感**

對於說謊者而言，基本上沒有人能夠逃脫罪惡感的情緒，可以這麼說，謊言越大，罪惡感會越重。根據保羅．艾克曼有關臉部表情的研究，罪惡感會令人表現出類似於悲傷的神情，如果被懷疑的物件表現出莫名的悲傷或是垂頭喪氣的體態，我們就要保持警覺。

此外，對於擁有罪惡感的人來說，還有一個語言表達特徵需要我們格外留意，我們稱其爲「人格解離」。簡單來說，說眞話的人更願意使用第一人稱「我」，而說謊者更多時候會逃避這個人稱，就像想要把罪惡的自己隱藏起來一樣。

**③行騙後的歡愉**

有一句話是這樣說的：「謊言也是另一種愉悅。」出乎大家的意料，行騙會給人帶來某種程度的歡愉感，這是一種內心凌駕於他人之上的優越感。鑑別時，我們要注意被懷疑者在說完自己的無辜之後，是否表現出了莫名的快樂或笑容。

### ④憤怒

憤怒本身並不是一種典型的謊言情緒，但是憤怒的表現時機以及程度可以被我們用來識別謊言，原因來自於一個我們都知道的常識：不應該受到指責的人通常會對指責做出憤怒的回應，但說謊者因此也善於假裝憤怒。

人總歸是有情感的動物，正是因爲有了情感和情緒，我們每個人才變得與衆不同。但在肯定感性風格的同時，我也想提醒一下各位讀者朋友：這個世界不會因爲你的喜怒哀樂而調轉風格，它是按照理性的軌道前進的，因此理性才能協調情感。

## 私人空間中的「痕跡」

每個人都有隱藏在深處、不願公開的小秘密，但這些小秘密卻往往最爲眞實、最能夠如實表達他的眞實情況。作爲讀心者，我們顯然不建議你用一些違規甚至齷齪的行爲去侵犯對方的客觀隱私，我們可以透過公開的、合理的管道去進一步了解對方。

讓我們試著將視角轉向日常生活，看一看每天生活的私人空間中蘊含著哪些可以了解他人的線索，以及應當如何科學有效地觀察整理這些線索呢？

先來簡單說明一下什麼是私人空間。說起私人空間，很多人會立刻聯想到某個適宜放鬆心情的外部空間，比如你花心思整理出的起居室，又或是某個你每天都會去一下的咖啡廳。但這裡所說的私人空間並不完全是指以上所說的某個外部環境，相反，更多的是指內在的「心理空間」。但心理空間看不見也摸不到，我們又應當如何去探索以及了解呢？

這裡想先爲大家梳理一個簡單的邏輯：當你第一次見到某個人時，你是透過什麼樣的方式形成對對方的第一印象呢？我想你一定很少、甚至幾乎從來沒有意識到。

舉例來說，當你初次見到一個人時，你可能會莫名感到厭惡，但又說不出究竟是哪裡出了問題。你想可能是對方的某種表情、神態或是某句話，某個行爲讓你感到厭惡，但也有這樣一種可能，那就是你在無意間闖入了對方的「私人空間」，無意識地搜集到某些和你自身經驗相違背的資訊。

比如，你非常厭惡男性身上有過於顯露的女性特質，而對面那個與你初次相識的男性恰好佩戴了一枚耳環，由此你就在某種無意識的狀態下做出了帶有好惡偏見的個人主觀判斷。這時，如果你想要透過這枚耳環獲取關於對方眞正有用的讀心線索，可能就已經走偏了。

而這裡所說的「耳環」等個人裝飾物，就是「私人印記」（比如身上的衣物、佩戴的飾品、隨身攜帶的物件、家中或辦公室裡物品擺放的方式等）。

你可能會問，我們眞的可以透過這些不起眼的物件看懂他人嗎？如果我們僅僅透過一個人的穿搭就武斷地做出一系列聽起來都覺得蹩腳的論斷，確實會顯得不那麼令人信服。但至少有一點我敢肯定，我們每天確實是透過這些物件來建立對一個人的印象的。比如當你初次見到某人時，對方駕駛著百萬豪車，你會不會因為這輛車而對對方產生某種評價呢？

在我們身邊，每一個和我們相關聯的物件都無形中烙印上了某種只屬於我們的個性特質，也正是這些私人印記的集合構成了所謂的「私人空間」。

比如當你走到同事的辦公桌前，發現其桌子上凌亂不堪，各類檔案沒有規矩地隨意擺放，你會怎麼想？你可能會覺得這個人有點「懶散」，順著這個思路往下想，是不是也存在這樣一種可能：這凌亂的桌面，也恰恰反映出對方的思維有些凌亂？一個有著凌亂思維的人，又如何會遵循某種令其感覺到拘束的條條框框呢？

我們要做生活中的觀察者，學會利用他人留下的線索，不斷挖掘新的資訊。請拋棄腦中的固有信念，用合理的假設去填補新資訊與本身信念之間所存在的縫隙。

讓我們再舉一例來加以說明，當你走進一位朋友家中，發現對方室內的裝飾物極其簡單，甚至會令視覺陷入乏味的狀態，面對這樣一間絲毫引不起你興趣的房間，你會如何評價房間主人的個性特質呢？此人對生活品質要求簡單？此人物質條件不夠富裕？

你會發現，這一瞬間出現在你腦海中的判斷幾乎都是不合理的。你需要做的，是起身仔細觀察對方家中有限的裝飾物。如果你發現雖然屋內空空蕩蕩，但是僅有的一些裝飾物卻頗爲精緻，那你是不是會改變主意，認爲房間主人的內心也許並不像這間房屋一樣空蕩匱乏？

從心理學的角度而言，越是心思縝密、內心豐富的人，越是希望與之關聯的外部環境越簡單；相反，內心眞正匱乏的人才需要大量的外部事物，藉以用來填塞永遠不滿足的內心。

我們可以由此試著推導出一些關於「私人印記（或私人空間）」的運行方式（也就是這些私人印記究竟是按照怎樣的規則折射我們的內心呢？）。我們將一一爲大家簡單敘述，這裡需要大家了解並掌握的三種個性表達機制：

## ①身分標籤

先看身分標籤，美國《蓋洛普期刊》一份關於員工舒適度和投入度的調查表明：在舒適的環境中，員工將會更加投入，也會對公司的盈利做出更多積極的貢獻。同時該調查也指出，舒適的環境不僅僅是指物質條件，人爲營造的心理環境也至關重要。

基於我們在生活中的觀察，其實不難發現，幾乎所有人都會在裝飾以及改變空間位置（如：牆上的掛畫，桌面或櫃子中物品的擺放等）等方面持續不斷地做出努力。原因很容易理解：**他們需要透過改變外部環境從而影響他們的心理環境**。

我們將空間變成一種特定的方式，就等同於打上了我們自己的身分標籤。無論是玻璃櫃中的榮譽證書還是桌面上擺放的各種照片，抑或是一些精心挑選的小飾品，其實都是在有意識地對外宣稱：這是我們身分的象徵。

舉例來說，有一位將一週的工作計畫表設定成電腦桌布的女性，透過簡單的觀察，我了解到她的電腦設有相當複雜的數字英文混合密碼，可以想見她將電腦中的資訊看作是相當私密的資訊。對於有這類行爲的人來說，電腦桌布並不是在向外宣稱什麼，而是設置給自己看的。

我們可以試著理解一下這個女士的潛台詞：「工作使我感到充實，我每週的生活只需要工作就好，至於什麼休閒娛樂統統不重要，經營愛情更不是我所心之嚮往的事。」由此，我們可以做出很多合理的假設，比如她是不是比較不善於處理人際關係？是不是過於看重自身價值的實現？

最終，透過間接了解，她在一週前與相戀了5年的男友分手，希望藉著高密度、高強度的工作來緩解失戀的痛苦。這一點其實也印證了心理治療中的一個論斷：「任何狂熱的背後，都存在著某種程度的『病態』。」

身分標籤要麼是針對他人，要麼就是針對自己，而兩種情況都有各自的心理功能。針對他人是希望透過藉由這些物件來表達自己是什麼樣的人，有著什麼樣的性格、價值觀以及什麼樣的地位；針對自己，就像上述那位女性，更多的是被用作某種心理防禦。如果我們認同了這樣的防禦，我們就會慢慢變得無法正視自己，內心永遠保留著一個黑洞。

需要補充的一點是，在生活中有很多人喜歡在身上或是客廳中添置很多裝飾物，這其實就是一個非常強烈的、向外釋放身分標籤的信號。物件的主人希望透過這些信號去與周圍的人建立各種各樣的關係，他們喜好表達自己，喜好在他人眼裡建立存在感，從某種角度來說，也無形中釋放了某種油然而生的孤獨感。

## ②情感調節器

接下來，我們看看第二種個性表達機制：「情感調節器」。

心理學家很早就透過各類實驗證明了一件事情：最佳獎勵與最佳表現息息相關。想要把一件事情做好，我們必須保持高度的熱情與專注。

在生活中，一部分人喜歡在沒有太多視覺與聽覺刺激的環境下進入工作狀態；另一部分人則喜歡在類似咖啡廳一樣的嘈雜環境中提升自己的熱情，聽著音樂，看著來來往往的人。

無論哪一類人，他們都有著屬於自己的「情感調節方式」，也就是說，很多時候我們身上佩戴的飾品、桌上擺放的擺件，抑或是牆壁粉刷的顏色，並不是在向外宣告我們的某種身分，而是用來幫助我們調節情緒。

我們可能在這樣的環境中追憶過往的人和事，或幫助我們專注地進入工作狀態，或給予我們某種程度的激勵，推動我們加油奮進。舉例來說，聽音樂其實就是生活中最明顯的情感調節方式。

我的手機音樂播放機中有相當一部分熱血的動漫歌曲，你會認爲這是心智不成熟的象徵嗎？我倒認爲，我需要在每次錄製節目之前透過這些音樂來燃起自己的激情，控制我的焦慮。

在此分享一個很另類、很有趣，可以供我們挖掘大量個人情感調節器的地方，這個地方就是「廁所」。我們仔細想想看，如果說有這樣一個地方，它可以讓你完全放縱自己，完全不需要迎合任何人，那麼有比廁所更合適的地方嗎？

我們也完全可以透過某位朋友家的廁所看到對方的某些行爲線索。這裡提示大家一下，大家可以去觀察：廁所是否乾淨整潔？衛生紙的剩餘量以及擺放的位置？牙膏是從中間部分擠出還是從下往上擠出的？如果你感興趣，不妨先試著不抱偏見地看看自己家的廁所，你一定會看到最私密的那個自己。

## ③行為痕跡

最後是「行為痕跡」。這個術語代指我們每天的行為給環境留下的物理痕跡，比如咖啡杯裡面沒有洗刷留下的咖啡汙漬，凌亂的辦公桌上堆滿的書本、紙巾、便簽、水杯、眼鏡等物品。

了解一個人的行為痕跡，可以說是一種最不打擾人的觀察方式。曾經有人做過一個試驗：研究人員選擇了一家大型商場的裝飾鏡，暗中觀察經過這面鏡子的人，每當看到有路人停下來查看自己在鏡中的影像，就會有研究人員上前，讓這些不知情的路人填寫一份關於自戀程度的調查問卷。

結果相信各位朋友已經猜到了，試驗表明：自戀測試分數越高的人，就越有可能在這個鏡子面前停下來照看自己。你有想過照鏡子也是一種行為痕跡嗎？另外，我們每天都會重複的很多行為，比如打掃房間、整理衣物等，雖然有人會開玩笑說：「你是不是有強迫症？」但從行為痕跡的角度來分析，每天遵循規律的行為模式的人往往思維嚴謹，為人處事守規矩，甚至在某些領域有著不可多得的才能。

不論是以上哪種個性表達機制，我們都要明白，這一切最終都指向著我們的個性特質，也就是我們一貫的思維、情感與行爲。單一的行爲並不能形成個性特質，只有不斷重複的、長期的行爲才能形成個性的一部分。

當在生活中踐行這些機制、去觀察他人時，一定要符合之前所提到的科學觀察的原則，同時需要注意的是，要時刻質疑自己。

## 穿衣搭配，僅僅是為了「美」？

透過一個人日常的穿衣搭配，能否構建出符合這個人的個性氣質畫像呢？請先回答一個問題：你是如何看待穿衣搭配的意義呢？我相信很多人一定會脫口而出：「當然是讓自己看起來更美。」

配飾也好，衣服也罷，只要能爲外在形象增添一份色彩，我們都可以認爲它們發揮了「自我身分的象徵」以及「情感調節」的作用。

那麼，如何理解這兩種作用呢？

### ①自我身分的象徵作用

每個人都有喜歡或者傾向的衣服款式與色系，我們也藉由這樣的個性化喜好來告訴周圍的人：「我與你，看起來不一樣。」如果我們在生活中發現某人精心設計自己的形象，說明對方可能過於在乎自己在他人眼中的樣子，希望自己能給他人留下深刻的印象。這其實也體現出一種所謂的「補償心理」，內心的單調與匱乏導致我們必須以美好的外表來抵禦這份焦慮。

## ②情感調節

在心情煩躁不安時很容易衝動消費，女性在買衣服這件事情上表現得尤其明顯。「衣服可以爲女人續命」雖說是一句玩笑話，但也不難看出當我們內心感受到焦慮時，總是傾向於用「改頭換面」的方式排解。

那麼，我們每天費心研究穿搭背後，究竟有著怎樣鮮爲人知的想法呢？先說一下髮型，髮型不同於表情以及動作，它在無意間暴露了你的身分、地位，讓周圍的人一目了然。我們經常會看到某人不停擺弄自己的頭髮，只要看到鏡子，就會忍不住上前照看、整理一下自己的髮型，這很正常，但是如果過於頻繁的話，就是「自戀」的信號，它往往暗示了一個人對於人際關係的緊張感以及強烈的虛榮心。

通常來說，頭髮濃密且烏黑的人，做事不急不躁，很有條理，顯得很有智慧，也懂得自己的優勢與長處，算得上有理想、有抱負的事業型人才。而頭髮較爲稀少的人，往往心思細膩甚至是工於心計，在打理日常事務時顯得一絲不苟，但很容易急躁，缺乏耐心、氣魄以及寬容心；

光頭的男性，如果不是因爲脫髮很嚴重不得已而爲之，那麼就可以說明此人對自己高度自信，同時也傳遞出一種眞誠的交友訊號，而往往這類髮型的人也確實有著不錯的人緣。喜歡留瀏海的女性，性格相對內向、思維封閉、敏感且多疑，往往心理發展水準較低，相對來說不夠成熟；

而那些追求個性與時尚髮型的人，通常以年輕人居多，他們透過髮型來獲得他人的關注，做事很急躁，總是想要什麼事情都趕在最前面，也是一種有活力的象徵。這類人喜歡和他人交流，接受新鮮事物的能力也相對較強，在人際交往方面，往往有著良好的能力與技巧。

說到頭髮，其實還有一種「特殊」的頭髮，我們也必須在生活中予以關注，那就是鬍鬚。如今很多男性已經不再喜歡將下巴或是嘴唇周邊刮乾淨，而是喜歡刻意留鬍子，甚至還將鬍子做出特別的設計。這類刻意留鬍子的男性，往往在向外界表達更眞實的「自我」。

說完髮型，我們再來談談服裝以及佩戴在身上的那些飾品。

如果我們仔細留意，就不難發現西裝往往暗示了一種力量感，無論男性還是女性，穿著西裝時會給周圍傳遞出一種莫名的強大感，也會為我們贏得更多尊重以及重視，因此在一些很重要的場合，我們首選的衣著往往都會是西裝，讓我們看起來更加有力量和話語權。

女性身穿西裝，除了散發出一種權威感之外，往往更容易令人感覺舒適、大氣或者說看起來更加有氣質；而男士在日常的穿搭中，如果可以佩戴一條時尚的領帶，不僅可以為你的形象大大加分，也會讓你看起來更加自信。

一些有著重要身分的人，在一些公開場合不會選擇穿西裝，反而會身著運動服或是輕鬆自然的便裝。這類人通常不願刻意透過服裝去彰顯身分地位，但往往會給周圍的人一種「親切自然但不可冒犯」的內心感受。

特別想要分享給大家的是，在職場環境中，女性也會被迫穿上男性化的服裝，以工作能力來決定勝負。這樣的服裝也往往會激發出女性身體當中的男性特質，幫助她們更好地抵禦職場帶來的壓力。但由於女性特質被壓抑，在結束工作後，這類女性往往會體驗到莫名的空虛感，所以在日常生活中，他們會表現得更有女人味。

除此之外，衣服的顏色也可以反映一個人的性格或是補償一個人的內心需要。喜歡紅色服裝的女性，往往具有冒險精神，她們更容易接納新鮮事物，處理人際關係的能力也會非常自如，但是這類女性也往往擁有更多的欲求，常常會感到「不滿足」；

喜歡綠色的人往往更加純粹且自然，但有時他們會顯得比較消極或者安於現狀，性格內向且容易壓抑自己的欲望；

喜歡黃色的人內心是天眞且具有童趣的，這樣的人往往會比較幼稚，但是又對生活富有熱情；

喜歡紫色的人感情也許會比較浪漫，但內心卻在表達著高貴與憂鬱、心思很重、敏感且多疑；

喜歡藍色的人往往理智且誠懇，容易接納與包容周圍的人、事、物，同時也會有著天馬行空般的幻想；

喜歡白色的人大多無法包容他人的缺陷，對自己也有強迫症，有時他們是追求完美的一類人，有時他們則給人一種不可褻瀆、不可親近的距離感；

喜歡黑色的人彷彿是要將所有的眞實情感交由黑色去吸收，他們通常善於抑制自己內心的眞實情感，拒絕表露卻又極度渴望關懷與被愛……

最後，我們來說一下鞋子。鞋子在很多時候比衣服更加能夠反映一個人的特徵。鞋子的款式適宜在古板與靈巧之間進行選擇，古板往往給人一種沉穩的依靠感，而靈巧則是爲了提示我們的品味。細長的高跟鞋容易讓女性身軀搖擺不定，充滿了不可靠且魅惑的感覺，雖然能夠讓一些異性投來目光，但更多的是來自他人的厭惡。

將鞋子打理得很乾淨且整潔的人，往往注重生活以及工作的細節，是個絕對的細節控，也會投入高度的專注與熱情在工作事業中，這類人往往值得我們信賴；喜歡穿大號鞋子的人內心有一種「自我保護」的傾向，他們往往缺乏安全感，需要在人際關係的互動中得到些許的安慰。

以上是一些有關於穿搭背後的心理線索，這份指南並不是讓大家按圖索驥，只是希望大家重視這些在我們眼裡看起來司空見慣的資訊。如果說讀心術是爲建立一個人的心理畫像，那麼我們所了解的每個部分的資訊，都只能是構建這幅畫像所需要的一小塊拼圖。但無論如何，只要我們開始這樣做，就已經走在了讀懂一個人的道路上。

## 語言與非語言（肢體語言）

相對於難以捉摸的眼神，語言能直觀地透露出人的很多心理動態。人類語言作爲長期進化的高級行爲，在複雜的神經體系運作下，可以透過聲音的強弱、高低、快慢傳達出不同的涵義。

說話幾乎人人都會，但是聽話就不是那麼簡單的事情了。人的語言有些虛實相生的感覺——有時候是「言由心生」，有時候又是「言不由衷」。錯綜複雜的語言背後，究竟該使用怎樣的技能和策略去識別破解呢？在這一部分我們來看看，如何學會「聽話」。

「言不由衷」這個詞是很值得玩味的。它的本意是說，我們所說的話並非在表達內心的眞實所想所感。有些話是一種僞裝後的表達，也就是謊言。有些話則是連我們自己都未曾意識到，只是當說出口時我們才發現，好像不應該這麼說。

作爲聽話者，我們不能只聽一句話的表面意思，應當學會傾聽對方的言外之意。關於如何聽，我認爲有以下幾點需要注意：

## ①聽「口誤」

弗洛伊德曾率先提出，即使一個謹愼小心的說謊者，也難免因爲「口誤」而穿幫。很多人不曾重視說話者口誤的重要性，但在《弗洛伊德：日常生活的精神病理學》一書中，弗洛伊德提出，口誤、忽然忘記熟悉的名字、誤讀或是筆誤。這類日常的小毛病絕非偶然現象，而是有意義的，它們在某種程度上表明說話者的內心存在某種衝突。

弗洛伊德曾列舉過這樣一個關於口誤洩露內心眞實想法的案例，這個案例是早年追隨過他的布里爾博士曾記下的一個故事：

一天傍晚，我同弗林克博士聊天散步，恰巧遇到了一位同行的R博士。因爲許久未見面的緣故，我們邀請R博士一同去了咖啡館聊天暢談。當我問他結婚了嗎？他回答說：「還沒。」但是話音未落又見他補上一句：「我這樣的人爲什麼要結婚？」在我們離開咖啡館時，R博士突然問了我一個問題：「我倒是有這樣一個問題，不知道你遇到類似的情況會怎麼做呢？事情是這樣的，在一樁離婚官司中，一位護士被列爲共同被告，官司是妻子告丈夫，她也被牽連在裡面，結果他（這裡存在口誤，本應該使用女性的「她」）獲准了離婚。」

這時，我打斷他的話，並糾正道：「R博士，應該是『她』獲准了離婚吧？」他馬上改口說：「沒錯，對，是『她』獲准了離婚。」當我更正他的口誤後，請他解釋一下原因，沒想到R博士就此非常驚訝，並說道：「難道我連口誤的權利都沒有嗎？」

不知道大家有沒有聽出這個案例中的問題？當R博士在闡述這場離婚官司的過程中，本應該使用「她（she）」，卻因口誤說成了「他（he）」。最終，布里爾博士在詢問了R博士周邊的朋友後發現，R博士口誤的原因，是這個離婚官司中的男主角正是R博士本人。這樣的例子，在生活中可以說每天都有可能發生。很多時候，我們喜歡嘲笑他人的口誤，但卻不曾去關注造成口誤背後的成因。

弗洛伊德曾說，口誤之所以會出現，與說話者想說卻說不出口的壓抑，有著難以割捨的聯繫。

有時口誤會在一句話的開始就出現，比如當一個人開始回答某個問題時，在想好第一個詞語之前，他會停頓一下，同時很快地改變所要說的內容。這並不是說對方有一些結巴，相反，我們可以這樣理解，當一個人準備說出第一個詞卻欲言又止時，毫無疑問，這是一個「錯誤的開始」。

如果此刻我們是在一個謊言語境中，說謊者就會因爲擔心謊言被揭穿而產生口誤。在與他人對話交流的過程中，我們應當學會有意識地注意「口誤」。

## ②聽「情緒」

我之前在錄製益智答題類節目《一站到底》，錄製空檔，我與導演組在酒店房間進行討論會議。

在會議過程中，有一位女性編導問我：「盧老師，你說什麼樣的人是容易被讀心的，或者說容易被看出在說謊呢？是不是意志力比較薄弱的人呢？」

我想問問大家，她的這句話所要表達的眞實涵義是什麼呢？難道她眞的是很想知道什麼樣的人容易被看穿嗎？很明顯並不是。

我在這裡給大家分享一句話：「實際上，所有人對於與自己本身無關的話題，其關注度並非有我們看起來那麼高。」也就是說，這位女編導想要表達的眞實意思是，她自己屬不屬於容易被看穿的人？

我又是如何聽出這層意思的呢？很簡單，聽她說這句話時的情緒，很明顯，她當時的情緒呈現出的是緊張與興奮，如果她不是將這個容易被看穿的人假定成自己，那麼何來的緊張感呢？這就好比你去詢問自己心儀的對象，他對自己的戀愛對象有什麼標準時，我們自然是將自己假定爲這個人了，在等待對方回覆時，自然會流露出與這句話本身不協調、不一致的情緒反應。

綜合以上，我們試圖推導出一個合格的聆聽者所需要具備的能力，是「**將聲音化作感受，專注於感知聲音以外的話語**」。有聲語言最容易透過有意識地修改、潤色、加工，使其眞實的意思發生改變。

然而我們無法將情緒完全隱藏起來，無論表達者懷揣著什麼樣的目的與動機，在他說話的過程中，我們需要保留一份高度的專注力來感知他的情緒，這樣我們距離對方想表達的眞實想法就非常接近了。

用一句話總結，就是對方說了什麼並不重要，重要的是他是如何說的？這裡的「如何說」，就是指對方在說某件事情時，輔以了怎樣的情緒？當一個人在向你訴說某件事情時，如果流露出了與其言辭不符的情緒，我們就應該清楚地知道，這並非他的眞實所想。

## ③聽「重複」

我想到這樣一個情景，在一間教室裡，講臺上的老師發現一名學生正在低頭玩手機，於是要求這名同學起身回答問題，學生當然會表現出一臉茫然，此時這名同學的情緒大致有恐懼與驚訝。

這樣的情緒體驗很容易出現急性壓力反應，最常見的就是，這名學生會向臺上的老師提出一個要求：「老師，您能再說一遍這個問題嗎？」很明顯，這背後的原因在於，學生需要一定的時間來思考應該如何回答這個他其實不知道該怎麼回答的問題，他希望藉著要求老師再說一遍的時間來理清思路、找到答案。

同樣，說謊者在說謊時也會出現類似的因應反應。比如當某人詢問另一半「你是不是喜歡上那個○○○」時，我們往往會聽到這樣一個回答：「你說什麼？」

## ④聽「速度」

這裡說的「速度」，是指人的「反應速度」。當我們在詢問一個人某件事時，對方大都需要做一番思考，提取相關的資訊後再作回答。但是在很多情況下，你會發現一個人的回答幾乎是脫口而出的，這意味著什麼呢？

我們先思考一下，在什麼情況下，在面對一個問題時我們會迅速作答呢？很顯然，就是我們的腦海中早已準備好了答案時。沒錯，說謊者大都提前備好了答案，在你提問時不假思索，脫口而出。儘管這句謊言是如此的完美，但是說謊者的反應速度說明了一切。

## ⑤聽「細節」

當一個人在向你描述一件事情時，我們往往需要思考這件事情究竟有幾分可信度。尤其是當我們在面對一個不了解的人時，就更需要多思考一下，對方是在吹噓還是在談論事實。在工作中，當我們與很多人進行業務往來時，我們很容易被一些人說的漂亮話所哄騙。

那麼，如何分辨眞相與謊言呢？這裡向大家分享一個方法，就是我們要盡可能地引導對方多描述這件事情的細節。說謊者一般都會認爲，要使得一個謊言可信，就需要爲這個謊言盡可能多地描述細節；可事實是，就算我們親身經歷過某件事，也會很少關注這件事情的細節，甚至在一段時間過去後會忘得一乾二淨。

當你發現某個人在向你描述某件事情時，能夠流暢且繪聲繪色地描述出很多細節，你應該有所警惕，也許他在說謊。

## ⑥聽「語詞」

這裡我們所說的「語詞」，主要是指我們每個人所固有的「語言習慣」或者「語言風格」。每個人在說話時都會形成自己的風格，這種語言風格會滲透在日常與人的交流中，PO文的文字中，表現在我們常說的人稱代詞、虛詞、介詞等功能詞方面，而不是具體的實詞、名詞方面。

比如經常使用「我」就代表著一種強調與關注，這類人通常擁有強烈的自我意識。研究發現，女性的朋友群內容當中，使用「我」這個字的頻率要遠遠高於男性。也就是說相比男性，女性擁有更爲強烈的自我意識，或者說她們更爲關注自己。

另外，當一個人在非常痛苦和鬱悶時，其語言中出現「我」這個字的頻率也會大大增加。這向我們透露出一種什麼樣的資訊呢？很簡單，我們可以藉此了解一個人是否處於情緒消沉的狀態中，從而適時地給予對方一些關懷。

語言有一個非常重要的作用，就是體現我們內心的關注點。我們會談論或回憶心中所思所想的人、事、物，並由此我們可以總結出很多規律來。

比如當一個人頻繁地使用與時間相關的詞語時，對方內心的關注點可能在時間上；當一個人的用詞中頻繁出現與「過去」有關的詞時，這樣的人可能比較容易懷舊，這就會間接導致這個人的情緒經常是消極的、倦怠的，也會習慣性地將當下的人、事、物與過去相關聯，由此產生很多不合理的認知、態度以及行爲。

一個人的用詞也會清晰地反映出這個人的身分、地位。比如，如果一個人過於頻繁地使用「我們」或「大家」，這往往象徵著包容、接納，但也從側面表現出，這個人應該是團隊中地位相對較高的人。

在此之前，我們可能並沒有認眞觀察過每個朋友的語言風格，那麼不妨從今天開始，將自己的關注點放在那些被我們經常忽略的地方吧。記住那句話，聽話要聽言外之意，對方說了什麼不重要，重要的是，他是如何說的。

記得在學習初中物理時，老師曾經對我說，聲音有三個要素：響度、音調和音色。這個知識點帶給我很多啓發，也讓我在之後的心理學工作中如虎添翼。人的語言的確是非常神奇的，高段位的人在說話時，不僅能夠透過自己的語言傳遞資訊，還能傳遞感情、傳遞信念。如果你能夠從讀心術的角度去聽、去判斷，那麼很多迷局就會不攻自破。

前面說了是語言，接下來我們說一下非語言（肢體語言）。俗話說：「要聽其言，更要觀其行。」這就告訴我們一個道理：一個人的行爲中也蘊含著大量的資訊和線索。

行爲是語言的延伸拓展，它是一種自然而然的肌肉表達形式。我們在不同的外部環境下，通常會有不同的行爲反應，這些反應在專業的讀心者眼中，就是發掘和識別對方眞實想法的管道。

在這部分，我要爲大家講解一下，如何運用肢體語言進行有效的謊言辨識，幫助大家更好地防範生活中的惡意謊言，維護自身的利益。但並不是所有的謊言都需要去揭穿，生活有時也需要一些善意的謊言。

一般而言，我們可以把肢體語言進一步畫分爲兩類：一類是由骨骼肌肉引發的身體行爲；另一類是由我們的自主神經系統引發的身體變化。這兩類行爲的明確將有助於我們掌握辨識謊言的能力與技巧。

首先，讓我們來看看如何透過骨骼肌肉引發的身體行爲來識別謊言。這裡有三個關鍵點：

## ①肢體語言的失誤

在不同的人際交往場景中，我們經常會使用一些約定俗成的、帶有象徵意義的肢體語言，比如「豎起的大拇指」表示對某人的讚賞，「聳肩」表示無可奈何或不知道……如果不搭配語言，大多數的肢體動作是沒有意義的，但是這一類帶有象徵意義的肢體動作卻可以幫助我們準確表達。

我們稱這一類具有象徵意義的肢體動作爲「肢體語言」。肢體語言之所以可以代替言辭，是因爲使用者往往都是有意而爲之，知道自己在表達什麼。但就像我們平時說話容易產生口誤一樣，我們的肢體也會在不經意間洩露一些情緒，而這也是我們很少會意識到的。

那麼，對此我們又該如何識別呢？在這裡給大家一些辨識肢體語言失誤的思路，供大家參考。

**肢體語言的失誤往往以不完整的片段來呈現**。舉例而言，完整的聳肩動作應是兩肩齊聳，有時還會加上手心上翻，或是眉毛上揚、上眼皮下垂、耷拉嘴角，有時甚至還有腦袋歪斜。

當這樣的肢體語言失誤時，我們會看到什麼現象呢？很簡單，這些完整的動作也許僅僅只會出現其中一個。比如說僅僅出現聳肩，而且聳肩都只有一肩聳起或是微微聳起，當然也有可能只出現手心微翻。當出現這樣不對稱、不完整的動作後，我們就要警覺地意識到，對方可能正在壓抑著某種情緒，也就是說可能隱瞞了一些眞實的內容。

類似這樣的肢體語言失誤，還有所謂「相反的動作」，比如當一個人口中回答「是」時，正確的肢體動作應該是點頭，而當一個人口中回答「是」，但頭部卻出現了輕微的「搖頭」，就說明對方在壓抑自己的情緒。

這種失誤很少有人能夠意識到，而當我們善於觀察它時，就會發現，這種類型的失誤出現的頻率會驚人的高。再比如當一個人在對另一個人的言辭表示質疑時，受到質疑的人會本能地向後撤退一小步，或是順勢靠在椅背上，這其實也可以看作是一個不完整的動作。

完整的動作表現是，當我們聽到或看到令我們恐懼的事情後會拔腿就跑。遇到危險時，逃跑是我們的本能之一，而肢體語言的失誤會造成這樣的動作並不完整，僅僅是透過向後撤退一小步或是身體靠在椅背上，來表達「逃離、躲避」這件讓他不願意直面的事情。我們可以將這樣的失誤理解爲，連對方自己都不相信自己所說的話。

另外，我們還應該注意那些人們沒有展示出來的肢體動作。如果我們留意觀察，會很容易發現大部分的肢體動作都是出現於頭部與腰部之間，然而有很多的肢體語言的失誤是出現在我們很少留意的部分。

比如當我們發現有人將雙手置於身後，即使對方臉上有笑容，我們也無法判斷對方身後的這雙手流露出了怎樣的眞情實感。也許他身後的這雙手正在向你表達著不滿。所以，善於觀察那些不完整、不協調的動作對於識別謊言來說至關重要。

儘管並非所有的說謊者都會出現類似的失誤，但是有一點是我們必須明確的，那就是只要出現肢體動作的失誤，往往都在告訴我們對方有著某種難言之隱。我們在與人交流時必須保持高度的專注，才有可能即時地發現失誤。

## ②肢體比劃

另一種可以爲我們提供謊言識別線索的身體行爲是肢體比劃。人們在說話時經常會比手畫腳，用肢體動作輔助語言表達某種情緒，強調某種觀點。這種肢體動作就是肢體比劃。最常見的場景就是各類演講。演講者往往喜歡借助雙手來表達自己的一些觀點和看法。

爲什麼肢體比劃可以揭示謊言呢？這是因爲謊言與大量的情緒有關，例如焦慮、恐懼、憤怒甚至是興奮等，當一個人體驗到這些複雜的情緒時，講話時的肢體比劃就會多於平時。說謊者會利用手指不停地敲打桌面，徹底釋放情緒等方式僞裝，來表達自己的無辜。

但肢體比劃增多，一定就意味著對方在說謊嗎？當然不能這麼認爲，這裡仍然要涉及爲識別謊言建立常態化基準線的問題。我們想要判斷一個人的某個動作或言語是否在隱瞞什麼，必須先要清楚這類動作是不是對方一貫的風格。

如果一個人在正常情況下肢體比劃就比較多，那麼我們就不能認爲這個「多」就代表對方在說謊，反而應該注意對方是否反常？

那如果對方的肢體比劃比平時減少呢？肢體比劃的減少通常是因爲說話者對所講的事情缺乏感情的投入，當某人覺得某件事情與自己無關或者缺乏興趣，或是心情低落時，他講話時的肢體比劃就會減少。

然而，當某人對某件事表現出高度濃厚的興趣，但卻遲遲不見肢體比劃增加時，我們就需要警覺地意識到，對方可能並不是非常眞摯。當說謊者事先準備得不夠充分時，面對你突然而來的質疑，他必然會在言語上小心翼翼，肢體比劃自然也會隨之減少。

就算說謊者有充分的準備，他們仍然會被肢體比劃所出賣，原因很簡單，當說謊者說謊時，害怕被揭穿的恐懼感會襲來，這種恐懼感會造成說謊者的思維受到阻礙，說話就不會很流暢，甚至變得語無倫次，肢體語言必然也會減少。因此，當一個人的肢體比劃增多或減少時，我們不可輕易做出判斷，而是應小心謹慎地排除掉其他可能的原因，做出最終的判斷。

肢體比劃與我們以上所說的肢體語言也比較容易混淆，大家只需要記住一個規律即可：肢體語言往往不需要說話，你也能明確是什麼意思；但是肢體比劃則必須輔以言辭才能有意義。

就識別謊言來說，肢體語言只要我們留意觀察，就很容易發現它的失誤，但是肢體比劃則需要我們先靜下心來慢慢觀察說話者的基本規律，當我們掌握了這一規律，才能發現對方「一反常態」的行爲。

### ③零碎動作

在識別謊言的過程中，零碎動作往往會對我們造成誤導。有些人明明是在說實話，但只是因爲說話時零碎動作太多，以至於被我們無端懷疑。

生活中常見的零碎動作大致有整理頭髮、摩擦脖子、撫摸耳垂、掏耳朵、牙齒咬唇或是不停地搓手、抖腿、不停地擺弄各種物件。這些行爲通常是無意識的，有時表達著內心的焦慮不安，有時也表達著內心的舒適放鬆，鑒別清楚這兩種情況對於識別謊言至關重要。

身處陌生環境中，心情緊張會促發零碎動作，與親人朋友同處一室時，心情放鬆自然也會促發零碎動作。利用零碎動作來識別謊言，究竟有什麼比較可靠的方式呢？

我們記住這樣一個行爲規律：當一個謊言被揭穿時，如果需要付出很高的代價，那麼說謊者的零碎動作就會減少，因爲說謊者一定會小心翼翼地收斂、壓制自己的行爲。此時建立常態化的行爲基準線就非常重要，看看一個人是通常情況下零碎動作就很多，還是面對質疑時突然間增多。

如果你仍然不知道該如何使用這一法則，讓我來舉一個例子。當你懷疑某個人是否對你說謊時，不要著急去問他關於這個謊言的相關問題，簡單聊一些日常話題，觀察對方在什麼地方使用了什麼樣的肢體語言。

對方說話時是否高頻率地指手畫腳？是不是在放鬆的狀態下零碎動作很多？當你覺得你已經建立起了一條基準線時，不妨大膽地拋出你的質疑，看看對方的動作變化。比如對方在否認你的質疑後，很快出現了撫摸脖子，身體向後倚靠等一系列之前從未出現的行爲，這時你就需要考慮對方可能是在對你說謊了。

最後，我們來說說一些由自主神經系統引發的身體行爲。這些常見的行爲有：瞳孔的變化、臉頰泛起的紅暈、反覆呑嚥、呼吸模式的變化、排汗量的變化等。

其中有一些行爲我們無法透過肉眼有效識別，但幸運的是，有一些行爲可以被我們發現，而且可以有效地被用於識別謊言，比如強迫性地反覆呑嚥。

如果對方對你的質疑感到恐懼，自主神經系統就會誘發說謊者產生反覆呑口水的行爲。再比如，我們在面對緊張局勢時，會出現戰鬥或逃跑兩種反應，這兩種反應既是生理上的也是情緒上的，這時體內會釋放腎上腺素，導致身體發生的變化是：心跳加快，呼吸變快變淺。也就是說，當你發現一個人在面對你的質疑時，呼吸突然變快變淺，甚至在你盯著他看而不說話時，他彷彿停止了呼吸，這就說明，對方可能對你隱瞞了事情的眞相。

第五章

# 一切「控制」都源於模仿

我總是傾向於將讀心術一詞替換爲「理解他人的藝術」。本章我要分享給各位讀者在讀心術的語境中非常重要的理論：模仿論。一言以蔽之，我要教你如何把自己變成對方最信任的那個人。

在本書之前的部分，我們更多在說如何去觀察和識別他人，就像一個攝影機或麥克風一樣，單向地獲取別人的種種信號，接著從這一部分開始，我們就要「主動出擊」了。

當群體環境不理想時，我們想要調節氣氛；當彼此意見不統一時，我們想要說服他人；當面臨種種危機時，我們想要改變他人的情緒……如何去影響他人的情緒，是很多現代人面臨的巨大課題。

很多職場指導教程裡都說「做事情要講究方式方法」「職場高手往往善於控制和調整對方的情緒」，那麼具體應該怎麼做呢？這裡面有哪些技巧和誤區呢？

到目前爲止我們所學到的技巧，幾乎全都是以他人的情感狀態和言行舉止爲線索，去洞悉他人的想法與感受。但這些技巧在實際操作層面確實有難度，或者說需要花費大量的時間和精力去觀察、去實踐、去總結，因此難免會讓大家望之卻步。再者說來，這些技巧在生活中如果無法實際被運用，反而會顯得頗爲被動。

## 如何有效建立和維護人際關係？

這其中包含兩個層面：

1. 如何有效地爲他人提出建議（也可以理解爲如何影響他人的決定）。
2. 如何透過讀心術中所謂的「模仿論」去影響他人的喜怒哀樂。

我們在與人相處時，都經常會有在面對一些選擇或決定時，總是無法與對方達成共識的苦惱。比如吃飯時該選擇哪家餐廳、想換一份工作卻遭到家人的反對、想逃離一段令人窒息的感情卻不知道如何開口……慢慢地，不知從什麼時候開始，我們不再願意主動和任何人建立任何關係了，但當與外界的關聯越來越少時，我們又會感到抑鬱不安，變得悶悶不樂，也失去了對於生活的熱忱。

我總是在思考，究竟是什麼導致我們越來越無法建立一段長久且令大家都滿意的人際關係呢？很多人說缺乏溝通，但讓我們回想一下發生在自己身上的溝通場景，也許就不難發現，其實我們每一次的溝通，說到底就是爲了就某件事情說服對方。有時甚至也許這件事情在你心中早已有了決定，你只是爲了聽聽對方的意見，同時嘗試著說服對方採納你的觀點、態度或建議，沒想到一言不合，讓溝通陷入了僵局。

我們需要明白一個概念，**當我們在與他人溝通某件事時，是不是會有那麼一絲想要操控對方的想法**？如果有，應該也就不難理解爲什麼在與他人溝通時總是感覺有障礙，因爲對方也同樣感受到了「你想要操控他」。

如此一來，你想要給予對方的建議自然無法被順利地採納，最終，一場出發點很好的溝通就會演變成先有一方做出妥協的尷尬局面。

我們在和他人溝通時，該如何讓他人心甘情願地接受我們的建議呢？一般而言，我們在與人溝通時都是在有意識地提出建議，從而令對方做出一系列反應與決定。但是有意識地提出建議，就會讓對方感到被操控，這時候建議就會面臨一個尷尬的境地。更爲有效的作法是：學會無意識地提出建議。當我們無意識地提出某個建議時，對方就不會感到壓力，也就更容易接受。

現在，請大家閉上眼睛，閉上了嗎？

好的，現在我要給你一個建議：請你此刻，不要想像粉紅色的大象。

但結果會發生什麼？我相信，毫無疑問，所有人在剛才那一刻腦海中都出現了一隻「粉紅色的大象」。

爲什麼會發生這樣的事呢？原因是，「不」一類的否定詞都是抽象的，而類似「粉紅色」「大象」一類的詞是具有畫面感的，會在我們的腦海中形成一個具體的意象，而且容易喚醒與強化我們的意識。

舉例來說，當你在晚飯後告訴你的孩子「不要看電視了」或是「不要玩手機了」，孩子的無意識直接接收到的是「看電視」「玩手機」這兩個具有畫面感的資訊，所以你會因此感到困擾，爲什麼總是叨唸他們，而他們總是不聽話？這其實是你的建議或者指令下達有所偏差。

我們可以因此總結出一個淺顯的結論：我們往往越是否定什麼，被否定的事物就會越突出，越在腦海中留下印記。

每個人應該都有如下類似的經歷，當我們心中越不想讓什麼事情發生時，事情偏偏就會鬼使神差地出現，這種現象在心理學上被稱爲「墨菲定律」。

當我們需要給他人建議時，請謹慎使用「你不能這麼做」「你不要這樣想」「我勸你不要做這個決定」等類似的話術。在現實生活中，我們需要有意識地練習不去說類似「不」一類的否定詞或是否定句。要給他人建議時，請直接使用具體且有畫面感的語句作爲建議。

除了常見的否定詞，類似「總是、全部、一切、所有」等一類的虛詞也都需要謹慎使用。請你記住，這些詞是無法進入一個人的無意識的。

那麼，如何利用讀心術中的「模仿論」來爲一段人際關係營造一個好的開始呢？正如我在一開始所說的，我們在與他人相處的過程中，總是有意無意地希望把他人變成自己，這顯然是不可能的事情。

我一直信奉一個建立和維護人際關係的黃金法則，它也是最高明的影響與控制他人的方法，那就是「模仿」。

此刻，讓我們想像或回憶一個十分常見的場景，一對情侶相對而坐，姿勢相同，一個人的身體無意間向前，另一人的身體也會在無意識中慢慢向前靠近。此刻，我們會相信這對情侶之間的關係是和諧的，這不僅是所謂的鏡像神經元在發揮著作用，還因爲那句老話：「物以類聚，人以群分。」

在生活、工作、愛情、事業中，我們總是在期盼遇到那個對的人，一起做對的事。但與其費盡心思去尋找這樣的人，不如去「複刻」出一個，或者說「模仿」。

讓我們從一個有趣的練習遊戲說起。遊戲的規則十分簡單，請不刻意、但全方位地模仿坐在你對面的某個人。要保證你在對方的視線範圍之內，你不需要正眼看她，僅僅透過餘光去觀察她。

想像一下，你們現在同處一間咖啡廳之中，當她舉杯喝咖啡時，你也同時舉起你的杯子，當她突然靠向椅背時，你也同時靠過去，總而言之，只要是你可以捕捉到的對方的任何行爲，你都要全然模仿下來。當然，這一切的前提是「不刻意」。

不需要很久，大概模仿幾個動作之後，你可以試試看，這種和諧的模仿是否眞的有作用。這次換你開始做出任意動作，比如慢慢抬起頭，慢慢翹起你的腿，或是喝一口咖啡，看看對方是否也會模仿你。

這其實並沒有什麼神奇的，你只不過是在無意間向對方發出了一個「相似」的信號。當你開始主動練習這種技巧時，你會發現，它可以被利用在任何生活場景中。你所能收獲的便是，也許對方開始注意你，並且會想要主動接近你。

「世事洞明皆學問，人情練達即文章」，這句話說得很有哲理。我們研究讀心術，不僅僅是爲了了解一些事情，更是爲了控制和改變一些事情。在生活、學習和工作場景中，有太多時需要我們去影響他人的情緒，有效地說服他人。此時，希望你不但敢於做出行動，也要善於行動。

# 第六章 謊言「疫苗」

我們的生活中總有這樣或那樣的謊言，面對「說謊」的人，我們總是感到無力應對。到底該如何識別謊言呢？本章，我試著從讀心術的角度出發為你解惑。

有相關研究表明，我們在與他人交流時，平均每10分鐘就會有意無意地說出或是聽到三句謊話。我們每天能聽到的謊言從十次到兩百次不等。更多時候，我們意識不到自己已經撒了謊。

在你看來，外向人還是內向人更容易說謊呢？答案是：外向人。正所謂「言多必失」，外向人性格開朗、比較健談，所以也更容易說謊。而且外向人在說謊時，通常會將謊言描述得繪聲繪影，更容易使人相信。

那麼，你是否知道男人和女人究竟誰更容易說謊？這個問題的答案同樣有趣。一般而言，男人說謊為自己，女人說謊為他人。什麼意思？男人的謊言通常是為了滿足自己的某種欲求，比如虛榮心、支配欲、權力欲等，而女人說謊則通常是為了保護他人，因此女人總會將她們的謊言描述為「善意的謊言」。更有研究表明，在夫妻關係中，每十次交談就會產生一次謊言，而情侶之間每三次交談就會產生一次謊言。

## 從四個方面來聊聊謊言

1. 我們爲什麼會說謊？
2. 如何測謊？
3. 什麼是識別謊言的基準線？
4. 如何建立謊言識別基準線？

在日常生活中，我們每說出一句話，就在向外界傳遞一組資訊。這組資訊分爲兩個管道傳遞：一個是有聲語言資訊，也就是從你口中說出的這句話的內容本身；另一個則是無聲語言資訊或非語言資訊，也就是我們經常提到的「身體語言」。

廣義的身體語言包括人的頭、眼、頸、手、肘、臂、身、胯、足等各個部位向外界傳遞的資訊。這裡有一個實驗性的資料供大家參考：一個人要向外界傳達完整的資訊，單純的語言成分只占7％，聲調占38％，另外55％的資訊都需要由非語言的體態來傳達。

需要注意的是，語言資訊反映了一個人的思維、邏輯、認知等對外界資訊加工處理的能力，屬於意識部分；非語言資訊則反映了一個人語言資訊背後的情緒、情感，大部分都埋藏於潛意識部分。

綜上所述，當一個人說謊時，他必然承受謊言所帶來的壓力感，而這種壓力就會使其表現出「焦慮、緊張」等不安的情緒，而情緒就會直接促使他的身體出現一系列與此相關的一致性反應。

我們可以得出一個結論：**所謂的測謊，其實就是在說謊者那裡尋找那些和有聲語言資訊不相符、不一致的非語言資訊**。我經常說，撒謊者說什麼並不重要，重要的是他在以什麼方式說？大致就是指的這個意思了。

大量的心理學、行爲學的研究都傾向於相信，謊言是一種天生的自發行爲，我們從嬰兒時期就開始產生謊言行爲。

英國普茲茅斯大學的心理學家華蘇蒂薇·雷迪博士就對這個結論貢獻了一個非常詳細的研究：她在對嬰兒哭泣的研究中發現，人類生來就渴望得到他人的情感回應；在缺乏語言與活動能力的情況下，嬰兒發現使用一些小花招可以得到父母的回應。

事實上，嬰兒對父母實施欺騙，是想與他們進行情感交流。我個人也是傾向於相信這個理論的，因爲嬰兒擁有的唯一情感交流方式就是哭泣，但並不是每一次哭泣都代表了饑餓、需要換尿布或是需要他人的擁抱。

這個理論提示我們，嬰兒有時哭泣僅僅是感覺到無聊，因爲他發現透過大聲地哭泣，可以有效地引起外界或父母的關注。不過也有些人認爲，嬰兒爲引起他人的注意而哭泣並不是在說謊，只是因爲這是他唯一掌握的交流方式，因此也是正常的交流方式。

在更細緻的觀察中發現，嬰兒會非常清晰地感知他的哭泣有還是沒有引起外界的關注，從而調整自己的哭泣方式以及程度。這類研究不僅告訴我們嬰兒也是會故意欺騙他人的，也告訴我們欺騙並不是後天學習而來的，這是一種先天的、自發的行爲。

這也在提醒我們，在生活中，千萬不要寄希望於身邊存在著不會說謊的人。當然，自我們成年以後，我們說的很多謊言就不再像孩子般幼稚單純，而是背後有了更爲複雜的心理動機。那麼，所謂謊言背後的心理動機到底有哪些呢？通常情況下，人在說謊時出於以下幾個目的：

## ①隱瞞事實真相從而保護他人

這也是我們通常所說的「善意的謊言」。關於這一點，如果你是說謊者，建議要更多考量一下，你的隱瞞是不是眞的能夠使你要保護的人受益，還是最終轉變爲另一種傷害？

**②逃避責任**

這種情況在兒童、青少年之中尤爲多見，成年人中的心理年齡偏低者也經常會有此類說謊動機。

**③謀取利益**

說謊者通常利用謊言來騙取金錢、財物、名譽等，以此滿足自己的需要。

**④惡作劇**

說謊者透過戲弄他人獲得畸形的滿足感。

**⑤逃避痛苦與回憶**

說謊者擁有某段痛苦的經歷，爲了逃避現實而故作堅強。

## ⑥報復

說謊者利用謊言報復他人，發洩對他人的敵意。

## ⑦尋求外界的關注

我們身邊有很多人說謊其實是爲了博得他人的關注，而且這類說謊者往往說謊成癖，讓人感覺到了病態的程度。

臨床心理學中有這樣一種心理疾病，我們稱之爲「孟喬森症候群」。此疾病來源於18世紀德國，一位名爲孟喬森的男爵聲稱自己騎過炮彈，還曾經在月球上行走，甚至說在落入沼澤瀕臨死亡時用頭髮拽出了自己，於是。醫學上以其名字命名了兩種與謊言有關的心理障礙：孟喬森症候群與代理性孟喬森症候群。

前一種是爲了得到關注而裝病的病症；後一種是看護者（通常是母親）假裝（更甚者是引導）被看護者有病，從而得到關注與同情的病症。

還有一類以說謊來滿足內心需求的變態心理病症，我們稱之爲「謊語癖」，屬於人格障礙的一類。此類病症的特點是，即便在毫無說謊必要的情況下，這類人仍然會選擇說謊，或是說一些幻想類的故事，或是說一段傳奇經歷，讓對方相信自己從內心會獲得病態的滿足感。

由於這類人特別會表演，具有很強的欺騙性，所以很多時候，即便他們捏造的故事相當誇張離奇，仍然會有很多人相信。我身邊就有一些這樣的人，往往喜好講鬼故事，並且聲稱自己見過鬼怪，每每描述起來繪聲繪影，連自己都相信。

## ⑧操控

此類動機多見於謀取利益，最常見的便是各類廣告宣傳。你甚至可以說所有的廣告都是謊言，利用暗示對大眾進行操控，並從而獲取利益。

以上這八種謊言動機比較常見，在生活中，說謊的動機還有許多，需要我們留心觀察。很多時候，說謊者的動機都不是單一的某一種，很可能同時包含多種，我們需要針對具體事件進行觀察分析。

既然我們生活在隨時隨地會遭遇謊言的情境中，我們自然就會對如何識別他人的謊言感興趣。

## 辨識謊言信號

關於測謊，我們必須要保持一個觀察者的態度，冷靜客觀地在一個更加廣闊的範圍內觀察人的態度與行爲。不要過多在意他人口中說的話，要將更多的注意力放到「言外之意」上，多留意觀察對方的非語言資訊。

當我們了解了以上有關謊言的基礎知識之後，接著來看看有哪些技巧可以眞正有效地在生活中識別謊言，降低受謊言侵害的風險。識別謊言主要有以下三種方法：

1. 觀察人的無聲語言（也稱身體語言）。
2. 觀察有聲語言中存在的部分潛意識資訊。
3. 觀察說謊者說謊時的血壓、心跳、呼吸以及有沒有掌心出汗、強迫性吞咽等微妙的生理變化。

其中第三種方法中的血壓、心跳等反應一般由專業的多道生理記錄儀來執行，而非人的肉眼可直接觀察。很多人會誤以爲多道生理記錄儀就是測謊儀，但其實它並不能精確測謊，它的作用僅僅是記錄一些生理反應的變化。當被測試者出於心理壓力或是沮喪、憤怒等情緒時，也會產生與說謊時一模一樣的生理反應。因此如果想要使用多道生理記錄儀進行測謊，那我們就必須盡可能多地結合其他技術與方法，才可能得出更爲精確的答案。

除了多道生理記錄儀之外，我們還有另外兩種測謊方法：一個是無聲語言，一個是有聲語言中的部分潛意識資訊。

從這兩種方法出發，你必須清楚一件事。人們在說謊時，一定會經歷三個過程，而這三個過程將幫助你更加有效地發現那些謊言信號：

**①情緒過程**

指的就是人們在說謊時可能產生的情緒反應，最經常出現的有負罪感、恐懼以及興奮，這種興奮感也被稱爲「行騙的快感」。

**②內容複雜化過程**

簡單點來說，比如如果別人對你的某句謊言產生了質疑，就會針對這句謊言提出很多問題，而你爲了圓謊就必然會製造出更多的謊言。別人問得越多，你圓謊的難度就越大，而當我們被他人突然襲擊時，往往就很難說謊。因此在說謊時，你就必須展現得比以往任何時候都要反應敏捷，而這種敏捷往往就會讓你表現出更多與有聲語言不一致的身體語言。

### ③控制過程

我們在說謊時，往往會竭盡全力使自己表現得正常一些，這時候就會產生很多在他人看來矯揉造作的過度補償行爲。

以上三個過程就是所有人在說謊時必定會經歷的三個過程，而當我們聚焦這三個過程時，不難發現，這三個過程其實都集中表現了人們在說謊時的「反常」行爲。

## 設立常態化的基準線

由此我們可以得出，想要讓你的測謊能力更加精確，作爲一個讀心者，你必須要開啓你的觀察者模式，去盡可能多地發現一個人的「常態化」行爲，也就是一個人在自然放鬆的狀態下的表情、動作、習慣性語言以及習慣性的行爲舉止。

這種方式在專業上被稱之爲「**建立基準線**」，這也是我們在識別他人謊言時所要做到的第一件事情。大家聽到這裡，也許會抱怨需要這麼麻煩嗎？是的，建立基準線對於識別謊言而言一定是第一重要的事情，如果你不熟悉對方的常態化行爲，你又如何能看得出反常的謊言信號呢？

這裡給大家舉個簡單的例子，如果你質疑一個人說了謊，而此時對方出現了抖腿的行爲，而你直接將這個行爲視爲謊言信號就未免有些草率。你必須先要觀察這個人是不是平時就有抖腿的習慣？如果有，那麼當他聽到你的質疑，然後立刻停止抖動，這可能才是眞正的謊言信號。說到這裡，我相信大家就能明白建立常態化的基準線對於識別謊言而言究竟有多麼重要了。

當你有效地了解一個人常態化的基準線，那麼在識別謊言時，你就一定可以信手拈來。如果對方是你非常熟悉的人，比如朋友、戀人、父母、子女等，那麼在你們長期的相處過程中，對方的習慣性語言或動作早已在你的潛意識之中扎下了根，你的潛意識會幫你整理出一條看不見摸不著卻眞實存在的「基準線」。這也就是爲什麼戀人、朋友或是子女在你面前說謊時，你會立刻有所察覺。

這個地方需要留意的是，如果缺乏科學的觀察方式，我們在識別謊言時就容易走入「以自我為中心」的誤區。我們會經常犯錯，而這種錯誤可能會導致我們與他人的關係出現隔閡，甚至破裂。因此，當我們建立了識別謊言的基準線時，切勿憑主觀臆測行事，而是要用心去觀察。

那麼，對於不熟悉或者初次見面的人，該如何建立這條基準線呢？我在這裡為大家模擬一個情境，希望可以幫助大家。

大家可以閉上眼睛，想像構建這樣一個環境，它可以是一家咖啡廳或是任意一個你能想像到的地方；對象當然也可以是想像出來的，想像你們面對面坐著，隨意閒聊，或者交流一些生活瑣事，請你仍然在閉上眼睛的狀態下去看看他的一舉一動。

他每次說話時的表情、動作是否處於自然放鬆的狀態下？並確保他與你在聊天時，真的處於一種隨和穩定的舒適狀態下。然後再把想像中的視線調動到自己身上，看看你有沒有什麼會讓對方或者自己感到不舒服的地方？

以上的描述，就是打開所謂觀察者的視角，去看你每一次與人交談時的狀態是否能夠更加像一面鏡子，尤其是在我們建立關於對方的常態化基準線時，這個鏡面反射的狀態尤爲重要。

當你理解了上述情境模式，並有效地將你與他人的交流狀態調整到你有意設置的自然狀態下時，我們就可以逐步建立基準線了。接下來，我會告訴大家透過觀察身體的哪些方面去建立基準線，建議大家在初期觀察練習時，先孤立而專注地觀察某個部分，當熟練後，便可以從整體去觀察。

我們先看看臉部，需要著重留意些什麼潛意識線索呢？一般來說，人們比較擅長控制自己的面部表情，所以我們要擅長敏銳地去抓取那些稍縱即逝的「微表情」，或者能眞正表達對方內心情緒的「表情」。

舉例來說，如果某人聲稱自己對某件事物有非常強烈的興趣，但面部卻沒有展露出相對應的表情，那麼他也許就是在說謊。

我們很難刻意地去製造或者僞裝發自內心眞誠的情感，正如一個假裝發怒的人，很難主動鎖緊雙唇；一個假裝微笑的人，不會動用眼角的肌肉。

微表情領域的開拓者保羅．艾克曼曾做過大量的研究，發現人們在假笑時，最容易混入憤怒或是厭惡的情緒，因此讓假笑顯得十分困難。眞正表達愉快情緒的笑容則需要動用兩塊非常重要的面部肌肉，分別是顴骨部分的肌肉和眼輪匝肌。

顴骨部分的肌肉負責將嘴角向顴骨方向牽引；眼輪匝肌會讓臉頰肌肉上升並在眼眶周圍形成波紋。此外，相關研究還表明真笑的時長大約是0.5秒—4秒，而假笑的用時則會相對較長。因此，在用時較短和用時較長的兩組笑容之間，較短的笑容的可信度相對較高。

此外，艾克曼曾根據腦波描記器的資料得出一個結論：微笑的表情會讓你感覺不錯，而這不錯的感覺又會反過來讓你微笑，因此，我們可以明確的說：我們的表情總是會暴露內心的眞實感受，這是因爲我們的情緒和生理狀況之間存在著直接聯繫，兩者相互影響。

但我們的情緒和嘴巴裡說出的有聲語言並沒有這種直觀的聯繫，這就說明了爲什麼我們在說謊時，所產生的生理反應是難以掩蓋的。我們說謊時必須承受情緒體驗，如果我們試圖掩蓋自己的眞實感受，就必須努力壓抑臉上那稍縱即逝的微表情。

但據我在生活中的觀察發現，微表情的產生往往是無意識的、自發的。也就是說，當說謊者開始用力掩飾微表情時，其實微表情早已出現，只是時間非常的短，但即便這樣也給了我們發現這些微表情痕跡的空檔即時間。而這就要求我們必須打開觀察者視角，用上面所提到的方式，讓對方感受到和你的交流是輕鬆的，剩下的就只需要靜靜地等待那一閃而過的表情從說謊者的臉上掠過。

在我們掌握了一個人的常態化基準線後，就很容易識別對方的謊言了。只要對方的某個行爲或表情偏離了這條基準線，我們就可以瞬間意識到，這個地方是存在問題的。

說完面部的微表情，我們再來看看眼睛這個部分。衆所周知，眼睛是心靈的窗戶，那麼說謊時，人的視線是如何移動的呢？現在，我就爲大家提供一個相對可靠的視線解讀技巧，這個理論來自於ＮＬＰ神經語言程式學，被稱之爲「ＥＡＣ理論」。

## ①眼睛

這個理論的基本觀點是，每當我們從腦海中調動記憶時，但這個記憶可能是眞實的，也可能是想像編造出來的，此時眼睛就會以某種可預見的特定方式進行移動：眼睛向左上方看時，表示人們正在記憶圖像化的內容，而向右上方看時，則表示人們正在腦海中創建新的圖像化內容。說得通俗一點就是，當人的眼睛向左上方看時，他所回憶的是場景化的內容，是有畫面感的；而向右上方看時，則說明這個場景或畫面是透過想像而編造出來的，也就是所謂的視覺記憶與視覺建構。

此外，人的聽覺記憶與聽覺建構也能有所對應。比如讓一個人回憶一段聲音，你會發現對方的視線會向左邊平移，因爲這個聲音是在他的記憶中眞實存在的；反之，如果對方的視線向右邊平移，則說明對方在建構一段從未聽過的聲音，這段聲音完全來自於想像。

我們不難發現，視線向左邊移動說明此刻對方正在回憶眞實的資訊，而向右邊移動則代表對方正在構建想像出來的資訊。需要強調的是，上述理論僅僅是一種廣義上的規律，並不能代表所有人。

另外，眨眼的頻率也可以作爲判斷一個人是否說謊的依據。眼睛眨動的頻率在某些方面顯示了大腦處理資訊的速度，當你開啓觀察者視角時，你會發現，如果對方在與你交流的過程中是放鬆的，那麼他眼睛眨動的頻率應當基本與你一致；而如果他不得不在大腦中進行認知處理，比如製造一個謊言，那麼他眨眼的速度以及頻率一般都會有所提高。

### ②肩膀

接下來說到肩膀部分。與你相處融洽的人，在身體的某些動作上會與你保持一致，所以，當一個人站在你的身邊時，他的肩膀通常會與你保持平行；而當你說到一些令對方感到不愉快的話題時，他便會無意識地扭轉肩膀，離你遠一些。如果他一邊說話一邊進行這個動作，就說明他有可能是在說謊；如果他在講話的過程中忽然聳肩，說明他對自己說的內容缺乏自信。

### ③手

再說手的部分。手在識別謊言時扮演了一個極爲重要的角色。

距離人的眼睛或面部越遠的身體部位，越容易洩露內心的眞實想法。手和腳都是反應一個人眞實內心的重要部位，如果講話者回答某個重要問題時，將手放到嘴邊或鼻子邊，這可能暗示著他正在說謊，這個動作是說謊者潛意識想要阻止謊言從嘴巴說出的無意識行爲。

我們需要將更多的關注點，放在手對於詮釋一個人內心世界的展示性，或者說表演性上。尤其是當說話者手舞足蹈地闡述某個話題時，他的雙手就會透露此人內心眞實想法的大量線索，比如此人對於這個話題的態度，他此刻最想隱藏的內心想法等。

例如某人在講話時，他的情緒正處於一種激動亢奮的狀態，他將自己的手指向了自己。這可能代表了講話者此刻非常迫切地想要表達自己，也可能表示此人對自己的某些角色拒絕認同的心態。

如果這個人正處於被分手的狀態中，當他在向你闡述事情的來龍去脈，說到「我並不知道問題出在哪裡？」時，他無意識地用手指了指自己，這就有可能說明，他在潛意識中感覺問題就是出現在自己身上，而這也可能就是事情的眞相。還有另一種情況就是，當說話者無意識地用手指指向他人時，這就可能暴露了他自己與這個人的關係以及感受，儘管這個人可能並不在場。

雙手有時也會流露出一個人關於意識位置或者優先順序的眞實想法。比如，當一個人說他並不知道該如何在A或B之間做選擇時，一邊將一隻手壓下來，或是一手從一側滑到另一側，則暗示他手較重的那一側其實就是他潛意識的眞實選擇。就這一點而言，需要大家反覆伸出自己的手試試看，會比較容易理解。

我們在識別謊言時，需要留意的是一個人的言語與手部動作不一致的信號。曾經在美國的一間警察局，員警在審問犯人時就發生過類似的情形：當這名員警在問到嫌疑人從被害人身上拿到的某樣東西作何處理時，這名嫌疑人說扔到灌木叢裡了，而他的手卻無意識地指向了自己的口袋。請留意你身邊人的手部動作，你會發現很多類似的不一致行爲。

手部動作所透露的資訊非常豐富，比如當你在與某人對話時，如果對方的手指或手掌不斷地敲打大腿或座椅，則說明對方內心非常焦慮，這可能暗示了對方不願再與你繼續交流，甚至想要立刻離開。當然，這並不是說說謊者就一定會焦慮不安，在更多的情況下，說謊者可能會在謊言被質疑時，立刻減少手部的瑣碎動作，開始抑制所有可能被你發現眞相的動作。

## ④腳

我們再來看看腿和腳。如果站立時，對方在用單腳擊打地面，或是坐著時，對方的雙腿在抖動，這其實是他們想要離開的信號。

同時，我們也需要留意，當我們對說謊者所說的內容產生懷疑時，他的雙腳是否會忽然交叉或是分開？如果一個人口頭說不喜歡你，但雙腳又微微朝向你，特別是手腕也同時朝向你，那就說明他內心還是渴望與你溝通的；如果你在與某個人談論業務時，他對你笑容滿面，但如果他雙腿交叉並朝著遠離你的方向，且右手夾著香菸橫在胸前，就說明了他可能對你有所戒備，或者對你說的業務並不怎麼感興趣。

同樣的情境中，如果一個坐姿端正的人，忽然伸長雙腿靠在椅背上，就說明他對你們之間的談話喪失了興趣。與這個動作同時發生的經常會是雙手抱胸和雙手握拳，如果此時還伴隨著針對某個關鍵資訊的不協調答覆，那就意味著此人很可能處於謊言之中。

## 有聲語言的謊言信號

最後，我們再來說說識別謊言時，需要特別留意有聲語言的哪些部分。

我們常說肢體語言更容易洩露謊言信號，正因如此，很多說謊者便將更多的注意力放在如何修飾那些肢體行為中，卻在有聲語言中留下了諸多線索。在這裡跟大家分享一些使用價值較高的讀心法則：

### ①簡短的解釋

儘管人們在說謊時傾向於長篇大論地解釋，但有時也會出現完全相反的舉動，比如對於關鍵問題的解釋顯得簡短且膚淺，在描述時忽略很多細節，完全不做任何修飾。當你讓他展開來說故事的經過時，你得到的也經常是簡單生硬的重複陳述。

### ②不說「我」字

說謊者在說謊時往往不願意提到自己，而在正常的交流過程中，「我」卻是使用最多的字眼。

### ③轉移注意力的回應

說謊者總是拘泥於與話題關係並不大的某個詞語或是字眼當中，他們企圖透過不太重要的事情來轉移注意力。

## ④說實話

說謊者擔心自己無法獲得別人的信任，於是產生了過度補償的心理，非要在一句話的開頭加上「說實話」「講眞的」「你肯定不會相信，但我還是要說」等類似的句子。

## ⑤放慢或加快語速

簡單來說，如果某人平時說話就很慢，但當涉及某個關鍵資訊時，忽然加快語速，你就需要留意了，反之也是一樣。

## ⑥音調

人們爲了吸引他人的注意力，很可能會提高說話的音調，若想躲開他人的注意力，也就會降低音調。音調的忽然變化是謊言識別的信號，如果一個人聲音異常高亢地聲稱自己與某件事情毫無關係，那麼這就很值得進一步關注。

識別謊言確實是一件不容易的事情，因爲，這個世界上根本不存在一個適用於所有人的謊言識別系統。但是，我想告訴大家的是，相關實驗表明，專業的測謊人士在測謊能力上與大學生群體幾乎相同，這兩群人的測謊成功率都是55%。因此，如果我們將好玩或者有趣作爲學習識別謊言的一個出發點，就不會感到挫敗了。

關於謊言識別最重要的一點，是**千萬不要孤立地去使用任何一個技巧或者理論**，而一定要從局部練習，從整體考量。

對於基準線也是如此。基準線也會隨著一個人周圍環境的改變而改變，我們需要不斷地進行觀察與對比，甚至讓自己永遠處於觀察狀態中，將你觀察到的、令你產生懷疑的某個行爲進行多次驗證，看看是否準確。

還有一個關於識別謊言的風險，當你觀察到某個人出現了某個令你產生懷疑的行爲舉止時，如果你直截了當地表達自己的看法，那麼很有可能咄咄逼人，難免讓人對你產生厭惡。正確的方法是，一定要讓那個和你對話的人感覺放鬆，這樣你才容易解讀對方的內心。

如果你想要拆穿謊言，就必須先「吃透」說謊者，你需要了解基本的心理學知識和一定的讀心技能，確保自己是個足夠「老練」的觀察者（這裡的

「老練」說的是技術水準，和年齡並沒有必然的關係）。

對讀心術一竅不通的人，有時候可能錯把眞話當成了謊言，這就釀成了誤會，有時候又可能把謊言當成了眞話，這也會導致不幸。

身處謊言之中並不可怕，可怕的是你無法正確地識別謊言。當你有了足夠豐富的閱歷和觀察技術，當你能夠對對方的處境感同身受，當你能夠揣摩出對方大致的動機時，你就能成爲讀心高手，成爲識別謊言的讀心偵探。

# 第七章

# 社交平台中隱藏的「讀心線索」

LINE、臉書、IG等一系列社交平台是現代人的另一個「生活空間」，讓「現實生活」的邊界變得模糊。諷刺的是，我們透過層層修飾將自己在社交平台中進行「精修」，想讓別人看到更好的自己，卻早已將眞實的自己全然呈現在他人眼裡。

本章主要爲大家解析一下那些隱藏在社交平台中的「讀心線索」。社交媒體自從誕生之日起，就憑藉著便利、好玩、傳播效果明顯等特質迅速風靡全球。而每個人的朋友群，都是非常值得玩味的。每當我要去分析身邊朋友的PO文時，得到的只有一句話：「你還能不能好好做朋友了？」

雖然只是一句玩笑話，但依舊可以讓我意識到，每個人都有連自己都不想去面對的事情，最怕被人看到他不願意示人的「內心陰影」。如果我們當衆拆穿，就像是野蠻地撕開了一個人已經結痂的傷口，他們會感到很痛，會無意識地抵抗。從心理學的角度來說，此時人通常會本能產生「否認」的心理防禦機制，試圖讓內心恢復平靜。

也就是說，當你在他人還沒有準備好、或你們的信任關係建立得還不夠完善的情況下，就去武斷地分析和判斷一個人，就算你說對了，那麼你得到的答案也可能是否定的，還可能會招來他人的厭惡，這樣我們就偏離了學習讀心術的初衷——建立完美和諧的人際關係。

所以當我們在生活中踐行讀心術技巧時，一定要記住「看破不說破」。你可以將讀心術看作與人相處的內功心法，但不要用它來賣弄展示。

## 意識與潛意識

在了解社交平台中的「讀心線索」之前，我們先來了解一下心理運作（或稱心智）的兩大部分：意識與潛意識。

簡單來說，意識就是你的認知，是你對接收到的、來自於自身以及外部環境的資訊的覺知。比如當你試著去描述你身邊所看到的某個事物的顏色、形狀時，就是你的意識在起作用；或是你對身邊人性格的一些判斷，對一些事情的分析推斷等，這些都是在你對事物的認知，也就是你的意識。

那麼，什麼又是潛意識呢？潛意識又稱無意識，可以簡單地理解爲，它是儲存我們從出生一直到現在爲止的所有經驗的地方。它指導了你的行爲模式、思維模式、情緒反應，讓你能夠成爲現在的你。因此我一直在強調，所謂「讀心術」，就是教大家如何與他人以及自己的潛意識進行溝通交流的藝術。

關於對朋友群的解讀，我將主要從以下兩個方面來展開講解：

1. 從心理分析的角度，我們爲什麼需要朋友群？它對我們有什麼作用？
2. 從讀心的角度而言，朋友群各個部分（頭像、個性簽名、文字配圖、點讚評論）的資訊暗含哪些線索？哪些是我們需要留意的？這些線索說明了什麼？

環顧當下，我們不難發現，身邊的每個人都或多或少地處於現實問題的焦慮狀態中。有人因爲戀愛和婚姻而焦慮，有人因爲工作事業而焦慮，有人因爲子女教育而焦慮，有人因爲身體健康而焦慮，還有人會莫名地感到焦慮……一言以蔽之，焦慮已經成爲這個時代現象級的話題。

從本質上來說，人仍舊是動物性的，在面臨危險時，會採取兩種防禦措施：一是戰鬥，二是逃跑，這兩種就是人類的「原始心智」。

隨著人類的進化發展，我們獲得了處理資訊的能力，增強了對於外部資訊的耐受性，也學會了面對與處理現實中諸多的不安全因素，可當今社會高速的變化與發展，讓我們越來越多地感覺到對未來的未知與迷惘。當我們的意識部分承載不了過多外部資訊時，我們就會進入焦慮狀態。當我們維持在高水準的焦慮狀態時，我們的潛意識會自動接替我們的意識功能。

舉例來說，你是否時常感覺到焦慮時，會有一種六神無主、不知所措的感覺？在這種狀態下，潛藏在我們潛意識當中的動物性（也就是原始心智）就會命令我們退回原始心智，選擇戰鬥或逃跑。可是我們能逃到哪裡去呢？答案就是那些虛擬的社交平台，具體來說就是臉書、IG的世界。

它為我們打造了一個看似非常安全的空間，在這個空間中，我們透過每天習慣性地PO文、追蹤別人的動態，有效地抵禦並緩解了焦慮的情緒，讓我們體會到了在現實生活中無法被充分滿足的控制感、存在感、安全感以及認同感。這樣當我們放下手機，重新回到現實生活中時，我們的心理耐受性也在不知不覺中得到了增強。

就像時下流行的那句話：「女人要靠新衣服來續命」一樣，認同感、存在感缺失的人也同樣是在依靠PO文、追蹤別人來續命。因此我們不得不說，這些社交平台是當下社會人一個很有效的情感調節器。

在某一瞬間，我們似乎覺得，自己可以掌控這個世界。手機螢幕內的世界好像是一座安全的孤島，可以讓我們安心做自己的主人，但其實我們已經在無意間留下了太多透露著眞實自我的痕跡，只有讀心者能看穿這一切。

當我們想透過一個人的社交平台來獲取資訊時，應該注意哪些地方呢？這些平台的各個組成部分，究竟隱藏了哪些可以用來觀察的讀心線索呢？

所有人的社交平台都會有兩個緯度：意識緯度（外）與潛意識緯度（內），也稱外緯度與內緯度。所有關於文字的資訊都屬於一個人的意識緯度，比如暱稱、個性簽名以及文字；而其他圖像化以及符號化資訊，則屬於潛意識緯度。

我們眞正要做深入觀察的，是所謂的潛意識緯度。這部分資訊才是最容易被人忽略，卻又隱藏了一個人眞實內心的地方。如果你想有效地觀察他人的社交平台，請依照下面的觀察順序：

頭像—暱稱—個性簽名—內容

## 頭像

頭像是我們在網路世界中，與他人建立連接的第一通道，我們藉此將最願意讓他人看到的部分展現出來。因此設置頭像的作用，**絕大部分在於自我形象的展示與強化**。頭像大致可以分為十一類：

## ①本人形象照

本人形象照包括本人面部、半身及全身等照片，使用此類形象照作為頭像是最為常見的。

我們首先要確認：對方呈現出的是面部特寫照還是半身全身照？是生活照、證件照、藝術照還是童年照？然後要進一步確認：照片是自然呈現的還是誇張修飾的？比如很多女性的面部照通常經過各種美顏APP處理過的，還是是擺出各種搞怪表情的照片？

最後，我們要明確觀察此類頭像當中，除了本人人物形象外，還有哪些環境或是面部表情特徵方面的呈現？當我們抓取到了這些線索後，就已經將觀察中的「觀」做得比較到位了，接下來就是「察」的部分。如何「察」呢？分析指南如下：

（1）自拍形象越自然，越無刻意地修飾雕琢，越證明照片中的對方與在現實生活中的人格差異小。這類人在網路世界中是最自信的一類，他們往往內心坦蕩而眞誠，願意將眞實的自己呈現給他人，也能夠做到與他人換位思考，包容和理解他人的不足。

（2）如果爲證件照，我們就要將重點放在表情上。如果照片中呈現出一種嚴肅、拘謹、正襟危坐的感覺，則對方心中往往有著強烈的壓抑感，不肯卸下自己的人格面具，在生活中屬於「人格面具化」的典型。此類人很難面對眞實的自己，人格發展往往不完善，對生活有著諸多的抱怨，與人相處不友善，做事情也比較墨守成規，冒險意識比較薄弱，但責任心往往較強。

（3）如果頭像類似大頭貼，面帶誇張搞怪的表情與動作，則可能內心缺乏自信，甚至會比較自卑。他們希望與他人建立關係，渴求被他人關注，但卻往往以自我爲中心，比較情緒化，甚至可能存在神經質傾向，心理發展水準較低，也就是我們所說的心理不成熟的典型。

（4）使用藝術形象作爲頭像的人往往有某種過度修飾的心理，他們使用藝術修飾的形象照作爲頭像，往往是爲了掩蓋生活中不夠自信的眞實自我。他們喜歡聽來自他人的讚美，來填補內心的空虛，比一般人更注重點讚數和評論數。

當然，他們也會主動讚美他人。需要注意的一種特殊情況是，有些藝術工作者、演員等在使用此類頭像時，不過是向外界提供一種對於他們身分的識別資訊，強化自身的形象感，以此獲得自我的滿足感、力量感。

（5）還有一種本人形象照片，就是身處在某種環境當中的照片。這類頭像往往除了本人以外，還有其他有意無意想要突顯的細節。

舉例來說，我身邊就有一位朋友，他的頭像的內容大致是身處一家咖啡廳，雙臂環抱著一個竹筐，竹筐中有些許水果，而他臉部則露出了非常燦爛的笑容。後來經過我的觀察與詢問得知，他只是想透過這張照片來表達他是非常熱愛生活的，他說他最喜歡這張照片中的笑容。

沒錯，我相信大家一定也見過不少這種類型的頭像，在分析這類頭像時，著重點就應該放到照片中除人本身之外其他的細節上。給大家一些提示，比如此人正身處一個怎樣的空間？臉部透露了怎樣的表情？

（6）生活中，我們經常會看到很多人在使用自己童年的老照片作爲頭像，從心理分析角度來講，這本身就屬於一種「退行」（指人們在受到挫折或面臨焦慮、因應等狀態時，放棄已經學到的比較成熟的適應技巧或方式，而退行到使用早期生活階段的某種行爲方式，以原始、幼稚的方法來應對當前情景，從而降低自己的焦慮）。在現實生活中，我們的內心背負了太多壓力，每當心情放鬆時，就會懷念過去某段無憂無慮的時光，懷念童年時的美好，因此會藉由童年的照片作爲頭像，來抒發自己渴望被愛被呵護的情愫。

當然，除了上述本人形象照，頭像的照片還有許多類型，比如，我們會發現一些人的形象照往往以側臉或背影示人，這提示我們此人可能有著很強的防備心理。這類人通常內心複雜、思維方式迥異、特立獨行、不善交際，甚至可能會是悲觀主義者。大家可以在生活中多多留意觀察與總結。

**②親密關係形象照（包括兒女、戀人、夫妻等）**

使用此類照片爲頭像的人，有一個共同的心理特徵，就是絕大部分的力量感、存在感、價值感來自於照片中所展示的關係。

他們向外展示自己熱愛生活，擁有完美的戀愛關係、婚姻關係或是親子關係，但卻恰恰反映了此類人對於關係的依賴性——他們不懼怕生活辜負他們，卻害怕失去這些關係。

當你走進他們的內心，你會發現，這類人往往像一個脆弱而又未長大的孩子。從積極意義上來說，他們更容易獲得關係中給予的滿足；從消極意義上來說，他們往往對子女、戀人有著深層次的控制欲。

### ③風景形象（多見於都市風光、大自然景色、各類花草植物等）

使用此類形象作爲頭像的人，往往最難分析，因爲我們在頭像的資訊中看不到「人」。這類人不願將自己的眞實形象公之於衆，恰巧反映了他們在現實生活中極善於隱藏自己。他們往往有著特別於他人的經歷，給人成熟穩重的感覺，雖然他們的年齡不一定很大。

這類人表面看來情緒穩定，心態平和，內心卻有著強大的心理能量。如果想了解他們到底有著什麼樣的「情結」，可以透過觀察他們頭像中的圖像資訊，思考背後所隱含的意義。我們知道，古人經常會藉景物託物言志，那麼，這類人的內心世界是不是也是如此呢？

### ④動物形象（絕大部分以各類寵物為頭像）

此類使用者往往也是喜好託物言志的類型，他們透過使用的動物所象徵的意義來向外界傳遞自身形象。需要注意的是，使用動物作爲頭像的人大多本性比較善良，他們渴望被呵護被關愛，但由於內心像寵物一樣弱小，所以也會比較懼怕或是厭惡人際交往。

### ⑤網紅人物形象（俊男美女）

往往多見於對自己的形象極度不滿意的人群。此類人過於重視顏値對於自己的意義，將周圍的人都假定爲以貌取人者，而自己也常常以貌取人。

在現實生活中，此類人往往目光渙散，不敢與人對視，心理年齡較小，情緒常常處於焦慮抑鬱之中，容易大悲大喜。

還有一類人群也非常喜愛這類頭像——電商。究其原因，他們希望透過此類頭像與認知水準較低的人群建立良好的第一印象，以此達到買賣生意的目的。當然，如果自己形象比較好，他們也會使用本人經過修飾處理後的照片作為頭像。

**⑥動漫人物形象（包括本人形象的簡筆畫或漫畫）**

使用此類頭像的人，往往是現實生活中無法獲得力量感的青少年，因為心理水準發展較低，內心時常覺得力量感不足，需要藉由二次元人物的強大能力來點燃內心的小宇宙，讓自己感覺擁有了可以改變世界的能量。

這類人絕大部分都是理想主義者。如果使用者為男性，那麼他們通常都有著遠大的夢想，但是因行動力、意志力不足而常常止步不前；如果使用者為女性，那麼通常有著想像力極為豐富的頭腦及童貞而純淨的內心。從消極意義上來說，使用這類頭像的人可能會有不同程度的抑鬱或焦慮傾向。

**⑦圖形符號形象（各類幾何圖形，或是簡單的線條）**

此類頭像的使用者，往往有著無比複雜的內心世界。從心理學的角度來說，心理越複雜的人，越對簡單有著超乎常人的需要，這類人在生活中，也是極簡主義的實踐者。

他們不喜歡將所遇到的事情複雜化，也不喜歡複雜的人和事，經常向外界透露，自己是一個簡單的人。對此類人的觀察分析應該更爲謹愼，你需要更多、更全面的觀察才能眞正洞見其內心。

## ⑧偶像形象（各類明星、偉人或影劇人物）

此類頭像的使用者，你會認爲他們擁有所使用頭像中的這些人物的品質嗎？是的，你也許會有這樣的誤解，但事實並非如此。這類頭像的使用者確實希望外界能夠這樣來看待自己，通俗點說，一個人缺什麼就會用什麼樣的頭像，透過這種方式來獲得認同感和滿足感。

## ⑨外國人物形象（多見於各類歐美人物形象）

這類頭像出現的頻率並不高。使用這類頭像的人，往往都是一些有著某種自身優越感的人，他們在生活中追求個性十足或是清新脫俗的人生。這類人在現實中往往也處於壓抑狀態，所使用的人物形象通常給人一種頹廢、壓抑、野性的感覺，他們彷彿藉由此頭像來表達自己需要解放、需要自由。

## ⑩生活物品形象（多見於各類藝術感強烈的圖片）

這其實是很有意思的一種頭像類型，用的人也不多見。他們通常都會將生活中一些很平常的物品作爲頭像，比如一杯奶茶、一雙手套、一個杯子、一輛腳踏車等。這類物品對他們來說，往往有著難以言表的象徵意義。

## ⑪空白形象或頻繁更換頭像（頭像刻意設置為空白或純白）

空白頭像的使用者，往往是之前喜歡變換頭像的那批人。將頭像設置爲空白，可以理解爲「已經沒有任何一個類型的頭像可以滿足他」。這類人往往過於在乎身邊的人對他們的看法，特別希望自己時刻被關注，也時常因此而感到壓力，內心的空虛就像空白的頭像一樣，無可塡充。如果在他們生活中出現了一件可以讓他感受到充實感的事情，他們又會忍不住將頭像換回來。

爲了說明大家更深入理解上面的內容，我在我的朋友群當中找了以下三個我認爲能夠更多程度上挖掘出一些讀心線索的頭像，在這裡爲大家做一下深入分析，以便讓大家感受一下，當我們看到一個頭像時，應該以什麼樣的思路去觀察分析。

第一張頭像的色調比較灰暗，畫面中依稀可以看到一個外表清秀的男性，他身後是照射進陽光的窗戶，眼睛好像正在注視著什麼。

大家請注意，我是以客觀描述性的語言來敘述圖像內容的，這裡其實就給了大家一個可參考的觀察點。當我們看到一張頭像時，第一步要做的就是嘗試去用客觀的、敘事性的語言，在心中默默描述一下圖片中所呈現出的最爲直觀的內容。需要注意的是，我們不可以隨意根據自己的判斷去腦補資訊。

我們在這裡會遇到一個阻礙。因爲每個人的潛意識中都有一種自動完善和補充資訊的功能，當看到這個圖像中男性在注視著某個地方或某樣東西時，如果感覺到不舒服，潛意識就會跳出來幫我們完善這個部分，這個問題要在實際訓練的過程中慢慢地意識到並加以扭轉。

根據前面所說，這張頭像屬於「網紅人物」類型。使用這一類型頭像的人往往對自己的眞實形象不太滿意，自卑感比較強烈，需要藉由俊男美女的形象來實現心理補償。

在這個頭像當中，有一個特別引起我個人關注的細節，那就是這個頭像的色調。據這個頭像的使用者告訴我，他在選擇這個頭像時，並沒有意識到畫面的色調是灰暗的，這個色調完全是他的無意識選擇。也就是說，色調才是這個頭像眞正投射出了他內心眞實世界的細節。

我們經常說：「你以何眼觀世界，你便擁有何種世界觀。」因此我們可以得出一個結論，這個灰暗的色調恰恰說明了使用者的內心積蓄了太多的消極情緒，而他則使用了「壓抑」的心理防禦機制，盡可能地不去展現這些情緒。

網路雖然讓現實世界與虛擬世界的邊界變得模糊，但卻讓我們潛意識中所壓抑的情緒得到了一個沖出禁錮的機會。這位朋友之所以會使用這種類型的頭像，就是因爲他的潛意識想以此作爲自己的情感調節器，穩定、強化自己的內心。

我們在觀察完頭像中的資訊後，要立刻根據圖片資訊給我們的感覺，做出一系列大膽的假設以及推理。以這張頭像的使用者爲例，現實中的他確實不是大衆審美標準中的帥氣男性；在生活中，我也經常會觀察到他在與陌生人交流的過程中，說話往往沒有底氣，從語言表達到肢體動作充斥著不協調，眼神渙散、不敢直視對方。

正如奧地利著名的心理學家阿德勒所言：「人從幼兒時期起，由於無力、無能和無知，必須依附父母和周圍世界，就會發生一定的自卑感。」這也正是我這位朋友表現出一系列這樣的行爲特徵背後的深層原因。與初次相識的陌生人進行交談時，他往往會過於擔心自己出錯而顯得比較自卑。

這種從整體觀察到細節深究，再到得出推論，最終將推論代入實際生活中加以驗證的方法，被美國的觀察學家山姆．高斯林稱之爲「比利時方法」。掌握這種方法，會大大提升我們的觀察與分析能力。

第二張頭像與第一張頭像色調截然相反，是一個充滿童真的漫畫風格的頭像，色彩非常豐富，它投射了使用者充滿色彩感的內心世界。

與第一張頭像最大的不同在於，這張頭像少了很多複雜而壓抑的情緒，多了一些幼稚童真的畫風，但卻容易給我們一種「此人頭腦簡單」的感覺。沒錯，這個頭像的使用者是我的大學同學，一個身材肥碩、憨態可掬的大男孩，他年齡二十七八，屬於很講義氣，卻又傻頭傻腦的那種類型。

正如前面所說，喜好漫畫風格頭像的人往往是一群心理年齡較低、有理想、有想像力的青少年。所以這類頭像的使用者在戀愛關係中，往往需要一個內心相對成熟的女性來給予母親般的呵護；在工作、生活中，他們往往像孩子一樣缺乏獨立思考的自律能力，對於現實世界的認知，就如同漫畫一樣，簡單而充滿童真。

第三張頭像的使用者是一名女性。從頭像中的兩隻貓咪不難判斷，它屬於頭像分類中的動物類型。正如前面所說，使用這類頭像的人群更多見於女性，這類人往往內心溫柔而善良，但她們可能害怕現實中的人際關係，恐懼人性的陰暗面，透過寵物的頭像表達著自己的弱小，藉由各類寵物來表達自己想要得到愛，得到關懷的情愫。

在這張頭像中，我們可以看到，畫面中有一黑一白兩隻貓。我們可以借此推演一下，使用這個頭像的女孩應該是將自己投射爲這隻白貓，表達自己希望擁有貓的品質——高冷、理智、享受孤獨，以及渴望在現實中尋找到同類，相互依偎，相互取暖。

由此我們也大概可以了解到，頭像的使用者雖然在現實生活中經歷了太多的愛而不得，卻依舊渴望得到愛。這類人雖然內心傷痕累累、呼喊救命，外表卻依然故作堅強，硬要展示出孤傲感。如果恰巧有正在追求這類女孩子的男性讀者，你就要明白，對於這類女孩子，深情款款倒不如長久相伴。

透過這三個案例，你會發現圖像化的資訊確實給了我們很多可以挖掘人物內心世界的資訊，希望大家可以從中受到啟發。

在沿著這樣的思路進行觀察分析時，我們一定要善於去發現圖像中的關鍵細節。當你感覺到某個細節可能被使用者所忽略時，就是你需要特別注意的地方。

## 暱稱

暱稱和個性簽名是社交平台上普遍具備的功能，一個人在確定暱稱和個性簽名時，很可能是想要有意去表達某些資訊，有時候並不是用文字直接表達，而是帶著大量的隱喻和掩飾。但是毫無疑問，我們在靜靜地看對方的這些資訊時，也可以摸索出一些規律。

正如前面所說，這些文字資訊部分是所謂的意識緯度，潛意識中的眞實自我更多地投射於圖像中，那麼，我們是不是就無法透過文字資訊去看到他人的眞實內心了呢？

**其實文字資訊是透過我們的意識加工處理出來的**，並且有著直觀性，所以透過文字，其實我們更容易看到他人僞裝的一面。

暱稱能夠比較直觀地體現使用者的身分。我們經常會看到某人以身分加上姓名的組合來設置暱稱，這就說明，這個身分對於此人而言是非常重要的；或者說此人非常希望他人以這樣的身分來定位和對待自己，從而找到某種程度的存在感以及認同感。

這類人往往目標動機十分明確，在他們眼中，社交平台不過是用於展示自己身分地位的地方，他們也會經常發布或轉載一些可以輔助說明其身分、地位的文章。

他們無時無刻不在展示自己的「人格面具」，卻將眞實的自我隱藏了起來。我們在與這類人打交道的過程中，要保持獨立思考，警惕他們對你所帶來的影響。因爲在他們的字典中，人生就是一定要成功實現自我的價值，從而去影響他人、控制他人。

還有一類人會將中文名與英文名組合使用作爲自己的暱稱，給人一種儀式化的感覺。這類人通常喜歡標榜自己的身分，希望得到大家的認同與尊重。

還有一類暱稱也會時常出現在我們的眼前，那就是一組將各種圖形、圖案、符號組合起來的暱稱。此類暱稱多見於女性，可以想見她們在起名時是多麼的煞費苦心。當我們將目光轉向她們所使用的頭像時，往往也會發現，那是一個充滿修飾感的頭像。

這種一致性充分表達了使用者的願望——她們希望在網路的世界中顯得與眾不同。現實生活中，此類女性大多思維單純，擁有少女心，充滿浪漫主義幻想，但卻難免給人一種浮誇、不務實的感覺。需要注意的是，當我們在觀察一個人的暱稱，看到這類圖形、圖案、符號時，要著重留意它所象徵的意義，然後加以推斷。

還有一類暱稱從文字上看令人不知所云，比如我的一位女性朋友的暱稱叫桌椅，大家明白她在表達什麼意思嗎？起初，我也是丈二金剛摸不著頭腦，隨後我詢問她，原來她的本名叫卓依，而暱稱恰巧是她真實名字的諧音。

但大家一定會有所疑惑，這又反映了什麼呢？其實，當看到這種令我們完全不解而又很搞怪的暱稱時，我們應該明白，這類暱稱的使用者比較能夠分得清網路世界的娛樂性，他們並沒有把網路世界的人際關係看得太過認真。

這類人不會花心思去琢磨一個暱稱，來尋找他人的認同感。他們往往表面簡單，內心複雜；表面看上去比較搞怪，實際內心無比傳統且保守。

鑒於暱稱種類的複雜以及多樣性，就不再一一爲大家列舉了。總之，在分析判斷時，要注意把握這樣幾個原則：

1. 暱稱必須與頭像結合起來去觀察分析，不可獨論。
2. 觀察暱稱時，著重留意有無圖形、圖案、符號的修飾，有則探究該符號的象徵意義。
3. 如果微信暱稱出現了對方的眞實姓名，要觀察姓名前有沒有定語的補充。如果有，那麼定語的內容是什麼？

另外要爲大家補充說明的是，頭像直接受到使用者情緒的影響，因此越是處於矛盾糾結狀態、找不到眞實自我的人，越會經常更換頭像來調控自己的情緒；而很少有人會頻繁更換暱稱，我想恰恰是因爲，我們很少意識到圖像化的資訊是如何表達自己內心眞實想法的，而把文字的作用看得太重。因此，對於頭像和暱稱而言，我認爲，觀察頭像應當是這一部分的重中之重。

# 個性簽名

個性簽名同樣屬於文字資訊，屬於個性化的身分標識。但是它與暱稱的區別在於，它是類似於座右銘一樣，用於警示、告誡或是激勵自己的一句話，而這句話更多情況下是說給使用者自己聽的。

因此我們會發現，心理不成熟，容易被環境所影響，被情緒所控制的人往往會經常更換個性簽名。而從個性簽名的類型角度而言，它僅僅分爲兩類：一類是引用，一類是原創。

心理學家的研究表明，經常喜歡引用名人名言的人，往往認知水準不足，不善於獨立思考，在生活中喜好認同權威，總是活在別人的思想中，需要借助引用各種人的語錄來找到內心的安全感和滿足感。而那些個性簽名屬於自己原創的人，大致分三個類型：

## ①透過一句話的形式凝練人生的各種經歷與感悟

這種類型的人往往因爲經歷過人生的艱難坎坷，所以言語中充滿了滄桑感，他們爲人豁達簡單，希望藉由網路世界交幾個知心的朋友，找到屬於自己的同類。

### ②大而空洞的口號宣言

此類人在現實生活中常常與個性簽名所描述的內容背道而馳，我們看這類人往往要反著去理解。生活中的他們能說善道，但在很多事情上又缺乏行動力，於是藉由這樣的個性簽名來勉勵自己。當然，我們也可以理解爲，他們透過這樣的口號宣言來補償自己未能實現的理想。

### ③羅列出自己的身分和職業資訊

這類人和喜歡以身分資訊作爲暱稱的人很像，他們非常希望他人以這樣的身分來定位和對待自己，從而找到某種程度的存在感以及認同感。

## 留言和PO文

這個部分也是大家最想要了解的地方，在我看來，它就如同一個心理戰場一般。這裡的行爲分爲兩類——留言和PO文，而這兩大行爲背後卻蘊含著不同的心理驅動力。大致分爲如下幾個典型的心理動機：

1.追求認同尋找價值感的心理。
2.需要被關注、害怕孤獨的心理。
3.以自我爲中心的自戀心理。
4.發洩心理。
5.利益心理。

尋求認同感及價值感的人占絕大多數。你會發現，他們的PO文要麼是在展示某種瘋狂的工作狀態，要麼是在展示某種生活方式，比如環遊世界、秀自己惹人羨慕的家庭寫眞，所配的文字資訊往往會給人一種痛並快樂著的感覺。

這類人表面是在輸出生活、工作的狀態，實際是在標榜自己的成功。他們往往有一種變相的炫耀心理，好勝心極強，希望大家認同他、肯定他。在現實生活中，此類人絕不吝嗇於誇讚他人，這是因爲你的優秀在他看來，也是他可以用來炫耀自己，或者強化自己優秀形象的資本。他們內心的潛臺詞大致是：「因爲我如此優秀而成功，所以優秀的人才配成爲我的朋友。」

這類人往往表面善解人意、通情達理，實則是爲了贏得你的信任，並最終成功地影響你。當他們感覺到無法再影響你時，或是感覺到與你的價值觀相左時，他們就會體會到內心的挫敗感。雖然他們早已在心中與你劃清了界限，在面子上卻仍會與你保持良好而親密的關係。

以上我所描述的內容其實多見於女性，尤其是經常以女強人形象示人的女性。如果是男性呢？這類男性會喜歡時常轉載一些成功人士的成功經歷或有關國家大事的文章，透過各種官方而又權威的資訊來展示格局與眼界。他們絕大部分不會在轉載的內容上發表自己的新感悟，只是原模原樣地轉載過來。

有一類人發布的內容往往莫名其妙、不知所云，或者說只有他們才能看懂。這類人往往內心孤僻、不善於人際交往、害怕孤獨、需要被關注，卻又給人以理智冷靜的感覺。他們藉發布此類空洞的內容來塡補空虛的內心、渴望得到他人的關注，又因爲不善表達，所以故意僞裝成不屑於與他人爲伍的樣子。

這類人在朋友群中貌似屬於一股清流，其實早已不自覺地將自己邊緣化。在現實生活中，他們有個非常明顯的特點：朋友群極窄，也不會主動拓展朋友群，他們更多的是關注自我的內心世界，對周圍的人事表現冷漠。

對於親密關係，他們往往表現出兩極化，對一個人好時無微不至，討厭一個人時又會表現出極為冷淡絕情的一面。但我們要理解，這一切都只是因為，他們被孤獨所包圍，他們會時常在依賴與不安全感之間遊走。以自我為中心，擁有自戀心理的人群其實也包含了擁有發洩心理以及自卑心理的人群。我們可以將自戀理解為一種對自卑的過度補償心理。這類人群的PO文往往以自拍、美食、減肥等各種秀物質照片等為主要內容。

這類人雖身處社交平台，但卻給人一種「世界只有自己」的感覺。他們永遠活在自己的情緒、欲望或是自己給自己編織的夢網中，在現實生活中，這類人擁有極強的表現欲，極度渴望有人能看到他們，最好能圍著他們轉。

他們普遍認為，所有人所有事必須如他們所願，讓他們感到有一點不爽的事情，他們都會煞有介事地PO文，告訴所有人他此刻是多麼不爽。但他們心情好轉時，你就會立刻發現，他們的朋友群充斥著各類包包、手錶、美食等物質的欲望。

現實生活中與這類人相處，無論是做朋友還是談戀愛，如果你缺乏一種包容及讚美的心態，請避而遠之。另外，他們也時常將情緒問題帶入工作狀態中。

以上三類人群及其表現基本涵蓋了我們生活中所能遇到的大部分情況。

上述內容僅僅給了大家一種觀察分析的思路，說明大家理解PO文所反映的個人心理。當然，我們在具體觀察時，還應當將所發布的內容進行有意識地分割，區分圖像資訊與文字資訊，著重觀察分析圖像所展示的整體內容與局部細節，大膽聯想推論，最終代入現實生活中，尋找與你的推論相一致的行爲線索。

## 標點符號

鑒於聊天時的標點符號也屬於圖像化資訊，同樣能夠反映出人的潛意識中的眞實資訊，接下來我們就來解析一下標點符號的觀察思路：

### ①句號

喜歡使用句號的人做事一般有頭有尾，性格果斷，做事乾淨俐落，毫不拖泥帶水。由於他們做事過於嚴謹，在他人的眼中通常比較刻板老套，給人一種比較無趣的感覺。

## ②逗號

喜歡使用逗號的人往往大大咧咧，做事做人不吹毛求疵，所以和任何人都能打成一片。他們大都具有社會性人格，認爲人與人之間的交流應該是多多益善的，所以往往都具有多話屬性。在他人眼中，他們有時候會顯得比較討人厭煩，但是總的來說，還是可以給周圍的人帶來歡樂。

## ③驚嘆號

驚嘆號在聊天中一般給人的壓迫感比較強。喜歡使用驚嘆號的人一般自尊比較強，比較自我，不太會自我反省，總認爲自己的觀點很重要。同時他們的情緒往往不太穩定，很容易緊張。

## ④問號

問號是諮詢的符號，喜歡使用問號的人往往做事猶豫、瞻前顧後、想得太多、自信不足，在人群中沒有太強的存在感，性格中的服從性比較高。

## ⑤省略號

喜歡用省略號的人心底大多比較柔軟，會比較在意對方的感受。他們害怕冒險、做事比較保守、缺乏決斷力，潛意識裡往往具有完美主義的傾向。

## ⑥冒號

喜歡用冒號的人一般都有完美主義傾向，他們喜歡凡事井然有序，做事喜歡列清單，條理性較好、服從性較強。因爲他們做事認眞，所以能夠得到上司賞識，容易被人委以重任。

## ⑦不用標點符號

標點符號最主要的用途是傳遞情緒，而不用標點符號的人往往較成熟內斂，不想讓別人注意到自己的情緒。他們往往心思細膩，比較喜歡考慮別人的感受。需要注意的是，如果不用標點符號加上言語混亂，可能只是單純的懶或者對你不感興趣。

總而言之，標點符號是一種人們經常會忽略的看似無用的資訊，但它的觀察分析價值，絕不亞於所有圖像化的資訊。希望大家多多加以觀察與實踐，得出自己的心得與總結。當然我們也需要學會質疑，因爲人性是複雜多變的，即便我們掌握得再多，也無法保證將一個人看得明明白白。

關於社交平台的解讀技巧，我們就說到這裡。有一點需要提醒大家，一個人的暱稱、個性簽名、頭像、PO文內容等都是有時限性的，只是反映了此人當時的情緒和心態，大家在解讀時，請務必考慮這一點，要學會站在更大的時間格局上去觀察和分析一個人。

社交平台的存在，在一定程度上化解了我們的焦慮，滿足了我們的表達欲望，也透露出了各種各樣的資訊，讓我們看到了大千世界中每個人個性化的差異，同時，也給我們提供了很好的讀心線索。

下次，當你點開大家的PO文時，希望你能帶上一雙慧眼，看到他人看不到的「風景」，讀出發布人內心隱藏的話，了解到一個人的眞實內心。

第八章

# 一生只需懂得一個字：「愛」

戀愛、婚姻一直是社會各界廣泛討論的話題。什麼是愛情？什麼又是婚姻？這本來就是兩個不同維度的問題，爭論不休，難以定論，可能唯有如何做才是眞正値得我們探究的話題。

本章讓我們站在讀心術的角度，和各位讀者一起探討如何正確建立，並維繫一段好的親密關係，我會爲大家分享一套完整的親密關係實用錦囊。

很多人第一次想要讀懂他人的內心想法，大都是在情竇初開時。面對心儀的那個他，你很想知道對方到底是怎麼想的——他知道我喜歡他嗎？他對我是怎麼樣的態度呢？他知道我現在爲他所做的事情嗎？這種埋在心底，想要知道答案，卻又不敢輕易開口問的糾結情愫，構成了我們青春時期一段美妙的記憶，這也是愛情讓人輾轉反側的魅力所在。

可是在愛情來臨時，難道我們眞的就只能茫然猜測嗎？可不可以透過一些方法，來獲知對方的想法呢？當我們突破艱難險阻，終於和另一半建立起戀愛關係時，又會面臨新問題——如何去維繫這段關係？怎樣保持彼此間的吸引？怎樣實現情侶之間的有效溝通？怎樣處理不期而遇的衝突和矛盾呢？

如果你是一位讀心高手，這一切都將不再是問題。

我們學習讀心術，是希望它可以幫助我們打造一段完美的戀愛關係。然而，我們要面對一個問題：一段完美的戀愛關係需要考量哪些因素呢？或者說，我們可以將這個問題分解成如下三個具體的問題：

1. 面對一段戀愛關係，如何做才能讓我們獲得一個滿意的開始？
2. 如何有效地維繫戀愛過程？
3. 如果某段戀愛關係不得不以失敗而告終，我們是應該挽回還是果斷放棄呢？如何讓自己更好地走出失戀的陰霾？

接下來，就讓我們針對上述三個問題，看看「讀心術」究竟為我們提供了哪些切實可行的策略？

## 愛情，有個猝不及防的開始

任何一段愛情，在發生時往往都是猝不及防，令我們感到措手不及的。如下幾段場景，相信大家都有所體會：

【場景一】

某家咖啡館，一位女士正糾結於要不要接受某位向她表白的男士，於是找到身邊的朋友傾訴道：「親愛的，我最近遇到了一個男生，各方面條件都還不錯，你說，我該不該接受他？」

【場景二】

一位男士正在拚命表現自己，只爲博得女神一笑，殊不知在這段關係中，女神感覺有點迷惘，她不清楚眼前人是否是對的人？直到有一天，女神向他發出一張「好人卡」，難爲情地向他表示：「你很好，如果我們能夠一直這樣做朋友，我想我會很開心的。」男士暗暗發誓，一定要搞定她，於是開始了更猛烈的進攻。一段互相傷害的「你追我逃」的「追愛大作戰」就此拉開序幕。

【場景三】

在面對一段突如其來的戀情時，很多人表現出難以啓齒的樣子，被詢問後的回答往往是：「我不確定他是否喜歡我，我害怕說出來連朋友都沒得做。」繼續追問的回答是：「我害怕受傷，早晚都要受傷，何必要開始，一個人不是也挺好？」

透過以上三個場景，我們不難發現，很多人在本應該單純美好的戀愛關係中煎熬著、糾結著、痛苦著，最終就算走到一起也往往並非兩情相悅，而是暗含著某種「被說服」和「妥協」的味道。

「我感覺他對我真的很好，再說了，和誰在一起不是都一樣嗎？」「這女孩子是挺做作的，但女孩子不都是這樣嗎？愛她就要包容她。」透視生活中一段段戀愛的開始，我們會發現「男人都在要，女人都在做；男人必須得到，女人必須恐慌」。那麼，究竟是什麼導致了這些問題的產生？我們所嚮往的愛情真的就是這個模樣嗎？我想答案顯然不是這樣。

好了，現在請正在看這本書的你回答我幾個問題，你的戀愛經歷了一個怎樣的開始？無論是當下或是曾經，是否也或多或少地經歷了一段難以言表的開始？是稀裡糊塗地就開始了，還是你從未敢於開始？如果是這樣，是什麼導致了這些問題的發生？

這些問題的原因其實在於，我們出現了一個「關係邏輯的謬誤」，或者說我們對什麼是戀愛關係存在著很大的誤解，甚至全然不了解。

在讀心術的思維模式中，我們會發現任何關係想要擁有一個好的開始，一個良性的發展過程，一個美好的結果，不二法門一定是「知己知彼」的動態交互過程。在這樣的過程中你來我往，關係得以良性發展。

戀愛關係從屬於人際關係，建立人際關係又是我們每個人的「基本需要」之一，我們透過建立人際關係獲得「歸屬感」。

正如英國詩人約翰・多恩所說：「沒有人是一座孤島。」建立人際關係這件事是人的本能需求，而戀愛關係更是所有人際關係中最具有特殊價值的關係。它爲每個人帶來了兩極化的情緒體驗——愛到深處心生喜悅，痛到深處心生仇恨。因此我們更要認真對待戀愛關係，做到知己知彼，方能讓這段關係更加穩固。

那麼如何做到知己知彼呢？這個問題，每個人都有自己的答案。但是無論如何，在開始一段戀愛關係之前，我們要先明白，自己究竟適合什麼樣的「戀愛關係」。

## ①了解屬於自己的「愛情依戀類型」

想要知道這一點，首先你必須要清楚自己的「情感依戀類型」。

依戀類型生成於嬰兒時期與父母的互動模式，在後天的各類情感關係中得以鞏固與強化。在戀愛關係中，依戀類型大致可分爲四種，它們分別是安全

**型**、**占有型（或焦慮型）**、**拒絕迴避型和憂慮迴避型**。而以上四種類型正是來源於我們在嬰兒時期形成的三種依戀類型，它們分別是安全型、焦慮型和迴避型。

安全型依戀的孩子在看護人離開身邊時往往會表現出不安，但會逐漸安靜下來繼續玩耍，當看護人回到身邊時則會表現出歡喜；焦慮型依戀的孩子在看護人離開身邊時會表現出同樣的不安，但是卻無法逐漸安靜下來，並且當看護人回到身邊時，他們的表現往往處在黏人或排斥兩種極端狀態下；迴避型依戀的孩子在看護人離開時不一定表現出不安，但也不會在看護人返回時表現出歡喜。

因爲我們每個人都在這樣的情感運作模式下建立著親密關係，所以這套模式將進一步引導我們去喜歡某一類特定人群。這也就恰好解釋了爲什麼我們當下的戀愛關係中，有些女性一談戀愛總會遇到渣男，究其原因可能是，這類女性在與男性的相處中，無意識地開啓了自己特定的內在情感運作模式，也就是所謂的依戀類型。

通俗點說，就是渣男的行爲讓這類女性在飽受傷害的同時，又符合了自己長久以來先天與後天共同作用出的依戀模式。我們之所以要明白自己的依戀類型，就是因爲我們絕大部分人都是在被自己潛意識的心理模式所引導著，而非有意識地進行自主選擇。

那麼，以上四種依戀模式在實際的戀愛關係中又是如何表現的呢？

首先，**安全型依戀**的人在四種類型中最容易獲得並維持一段高品質的戀愛關係。他們通常願意主動打開心扉，擅長非常靈活的溝通方式，容易與他人達成一致。在戀愛出現矛盾時，他們也能更加主動地尋求解決問題的方式，而不是忽略或是迴避問題。

**非安全型**（焦慮或占有型）的人會在面對問題與衝突時束手無策。他們通常會把導致問題的原因歸咎於伴侶身上，並且缺乏有效的溝通能力。如果你留心觀察，就會發現，這種類型的女性在與男朋友吵架時往往善於冷戰，任憑男友多麼激烈地表達情緒，她就是悶不作聲，問題自然無法得以妥善的解決，戀愛關係也很容易崩潰。

**焦慮型**的人在與人交流的過程中，往往思考模式僵化，情緒波動很強，經常口無遮攔，心口不一。

值得我們注意的是，這四種依戀類型的人在選擇分手時，最乾脆的往往是安全型的人。非安全型的人總喜歡在一段感情中分分合合，進進出出。我們也可以理解爲：安全型依戀的人的戀愛關係往往是持續的、積極的，伴侶之間更容易相互成長；而非安全型（焦慮或占有型）的人的感情生活往往跌宕起伏、轟轟烈烈，甚至驚心動魄。

## ②熟悉自己的戀愛風格

從心理學角度看，愛的風格一共分爲六種：**情愛風格**（喜好伴隨著激情的濃烈的愛）、**遊戲風格**（遊戲般的戀愛）、**友情風格**（喜歡從友情慢慢過渡到愛情）、**現實風格**（戀愛時，給人務實的感覺）、**抓狂風格**（依賴、占有的風格）以及**付出風格**（喜歡單方面、不求回報的付出）。

研究表明，在各類戀愛關係中，男性更希望自己的愛情如遊戲般，而女性則更希望這段關係是友情風。當然，遊戲型的風格被公認爲是最糟糕的戀愛風格，往往也都無法長久；而友情型與付出型被認爲是最理想的戀愛風格。心理學家也透過研究證實，那些擁有美好戀愛關係的伴侶，往往在戀愛風格上都有著驚人的相似。

當我們了解自己的「愛情依戀類型」後，就洞悉了自己在一段戀愛關係中將會如何與伴侶進行交流、如何處理矛盾衝突，有效分辨出自己的「愛情依戀類型」可以幫助我們有意識地選擇與自己風格相近的伴侶。

當然也有人會問：「我就是不敢去開始一段戀情，這怎麼辦？」別著急，試著回到我們前面所說的內容，看看自己是否正在被某種依戀模式影響著？你的恐懼可能來自於自己的原生家庭，也可能來自於某段失敗的戀情？

回到前面關於「我有喜歡的人，但我不知道該如何表白，也不知道對方是否喜歡自己，該怎麼辦？」這個問題，我想可以給大家分享這樣幾點：

**【錦囊一】把握交流機會，建立行爲模仿**

試著想像一下，假設你正與意中人身處在某個場合中，此刻，你可以做些什麼從而了解到對方也對你擁有同樣的好感呢？

第一步，我們需要借助潛意識的力量。當你發現你有機會和意中人展開一段交流時，你要儘快抓到對方的語言節奏、用詞習慣、肢體語言甚至是呼吸頻率，然後進行不刻意的模仿，讓對方看你就像照鏡子一樣。同時，你也要保證你與對方的交流是「開放」的，注意避免出現下列行爲：

1.說話時，雙手插在口袋。

2.說話時，手持某個物件，如鑰匙、手機、水杯等。
3.交流時，身體與身體之間不要出現障礙物。

最重要的一點，將你們兩個人調整到面對面的狀態，讓彼此可以做到「推心置腹」。大家可以試想一下，當我們與某人的關係可以用「推心置腹」這個詞來形容時，通常處於什麼樣的姿勢狀態呢？當然是面對面。

也就是說，當你與某人表示親密時，其實無須在言語中透露，你們的身體姿態已經揭示了答案。需要提醒大家的是，當你透過這種方式表現對對方的好感時，不可以完全面對面，那樣可能會讓對方感覺有些不適。正確的作法是，保持你的身體與對方的身體之間形成45度夾角的面對面，才最爲合適。

## 【錦囊二】善於使用「餘光」

在某種狀態下，眼睛可以代替你所有的語言。你需要做的是用餘光去觀察對方，當然，你不可以過度使用餘光，讓對方覺得你「心術不正」。你要用餘光去看對方，直到對方也看著你爲止。

接下來，我們會本能地想要轉移視線，但在這之前，記得和對方保持1—

2秒的目光接觸。

在催眠學中，有一種技巧叫「催眠凝視」，掌握這種凝視方法，會讓一個人覺得你的目光具有極強的穿透力，彷彿可以一眼看穿他的內心。而這種催眠凝視的關鍵技巧就在於，我們在和某人產生目光接觸時，切記不要盯著對方的眼睛直勾勾地看，這樣會讓對方產生不良反應，而是應該盯住對方雙眼之間或雙眉之間的眉心處。大家可以在鏡子前或是找身邊的朋友練習並感受一下。

當我們與對方進行過短暫的目光接觸後，不要透過轉頭來轉移視線，而是應該在保持頭部不動的情況下，只動眼睛，將你的視線轉移到下方或者地面。這裡的視線下移有兩層意思：一是認同對方，二是向對方傳達好感。

## 【錦囊三】使用非語言資訊傳遞「好感」信號

這裡是錦囊二的擴展。你知道還有哪些非語言資訊可以傳遞出向對方表示好感的信號嗎？

以女性而言，單手托腮、傾斜頭部、撫順秀髮都是傳遞好感的非語言資訊，也可以試試下列方法：

1.如果你與對方同處於坐姿，不建議你雙腳交叉，這會給對方的潛意識造成一種阻抗感，最好雙腳平放於地面，同時可做出單手托腮的動作，表示在認眞聆聽對方講話。你也可以在對方向你講述某件事的過程中，身體向前傾，表示對對方所說的一切抱有強烈好奇。

2.推杯技巧。也許有不少朋友聽過這個技巧，怎麼做呢？很簡單，比如你與喜歡的人在某家咖啡廳或是餐廳在閒聊，過程中，你可以將自己的水杯在不刻意的情況下推向對方的水杯，使兩個水杯靠得更近一些。如果對方對你並不感冒，你會發現，他會很快地將杯子再度拉開距離。

最後，大家可能要問，我們如何檢驗這些技巧使用後眞的有效呢？如果你在運用這些技巧顯得很自然，看起來像是不經意而爲之，如果對方對你有好感的話，對方也一定會不經意地釋放出相應的訊號，而你要做的，就是在第一時間即時抓住這些回饋。

如果對方對你所採用的技巧產生了壓力感，比如緊張、小動作頻繁、撫摸自己的脖子或是目光游離，也大可不必驚慌失措，這可能是對方在確認自己的現實感覺。

## 感情維護

接下來，當我們眞正身處在一段戀愛關係中時，應當如何更好地維繫戀愛關係呢？當我們不得已走到了失戀的邊緣時，又當如何妥善地處理呢？

我們都清楚無論哪一種人際關係，都需要我們精心維護。那麼究竟怎麼做才算得上是維護彼此之間的感情呢？還是說，感情眞的像生活中大多數人所言的那樣，順其自然就是最好的呢？心理學家做了很多相關的探索與研究，試圖定義何爲「感情維護」，就目前已知的研究來看，「感情維護」有三個不同的階段：

### 第一階段：感情保持階段

通俗來說，就是維護感情本身的存在，不讓其褪色，盡可能地保持起初作用於彼此之間的某種吸引力。這裡我們需要明白的是，這是一種怎樣的吸引力呢？你與對方是因相似而相互吸引，還是因爲彼此之間的差異性而相互吸引呢？

吸引力從心理學的定義來看是一種「態度」，指我們對於某一人、事、物在思維層面所產生的親近感或是排斥感。既然是「態度」，它就一定會受到情感、信念以及認知等諸多因素的影響。當我們感覺某人存在某種吸引力時，我們的心理經過了這樣三個階段：

1.思維的加工：來源於早年經歷形成的信念。
2.情緒的產生：一般不會是某種單一的情緒。
3.行爲或行爲趨勢的產生：決定親近或是排斥。

但想要眞正了解吸引力，僅僅明白它的運作原理是遠遠不夠的，我們還需要知道吸引力所包含的三個方面：

**1.平衡理論**

平衡理論由心理學家海德於一九五八年首次提出，簡單來說，人都是嚮往和諧的，無論何種關係，我們都希望它能保持平衡。比如你和戀人都喜歡看電影，但你喜歡科幻電影而對方喜歡愛情電影，基於平衡理論，你可能會選擇少看一些科幻電影，多看一些愛情電影，來處理這個矛盾點。

平衡理論的理想狀態，是當我們周圍的人、事、物和諧統一，我們的生活就會簡單明瞭，人際關係之間的吸引力也將更加持久，達到所謂的「心態合一」。當我們與伴侶之間感受到心態的不統一，我們就會產生改變自身心態來達到跟伴侶合拍的願望。

## 2.吸引力的持續加強措施：設定獎勵機制

乍聽之下可能覺得有些難以理解，又不是小孩子，怎麼談個戀愛還需要獎勵？各位先稍安勿躁，我們必須明白，想要強化任何一種認知或是行爲，都必須建立在某種條件作用下，也就是所謂的「條件反射」。

吸引力也是如此，舉個例子，如果你喜歡的人經常光顧某家餐廳，而你恰巧也喜歡去同一家餐廳，那麼時間一長，對方就可能會將吃美食時所產生的某種喜悅感與你相掛鉤，從而對你也產生某種好感，這就是我們所說的「條件反射」。反過來說，如果你想讓對方對你產生好感，你就可以採取這種方式，將某種人爲操作的偶遇變得像自然發生一樣。

## 3.你們之間的吸引力是相似還是有差異

俗話說「物以類聚，人以群分」，兩個人擁有的相似性越多，那麼他們成爲朋友的概率就會越高。

相似性可以提高吸引力，那麼，差異性也可以嗎？是的，完全可以。但如果戀人之間的差異性越大，感情越難以長久。心理學家就此提出過一個概念——「致命吸引力」，指的是曾經被認爲是最令人著迷和極具吸引力的特質，在分手後卻成爲最致命的缺陷和瑕疵。比如一個內向靦腆、有些憂鬱氣質的人被一個外向、陽光、積極的人所吸引，那麼這個人身上的外向、陽光、積極的特質便是「致命吸引力」。

致命吸引力非常容易在三個條件的作用下發生：一是對方與自己完全不同；二是對方擁有平常人所沒有的特質；三是對方擁有超越其性別本身的特質（比如一名男性擁有細膩敏感的性格特質）。

如果伴侶的某種行爲讓你感到無法接受甚至近乎抓狂，那麼你需要認眞地想想，這種行爲是最近才出現的狀況？還是在你們相遇之初就顯露的呢？或者說，你恰巧就是被這種行爲所吸引的呢？

感情保持階段的另一個重要因素是積極想像。有研究證實，情感關係中適度的幻想可以在一定程度上提高滿意度、熱戀度和信任度，並有效減少衝突和矛盾。同時幻想還可以增強戀愛關係的持久性，當我們抱著積極樂觀的態度來看待伴侶時，自然就能時時處處看到對方的優點，由此增進感情。敏感多疑的人若經常保持幻想，也能夠改善戀愛關係，將感情引向更好的一面。

綜上所述，有效地利用吸引力與積極幻想，對於感情維護有著非常重要的作用。

## 第二階段：感情穩定階段

第二階段是在感情保持的基礎上，能讓感情更進一步的階段。此時我們需要更多的良性交流與溝通，其中包含了兩種重要方向：**溝通中的自我曝光，以及實用的日常溝通技巧**。

自我曝光，從廣義上來說就是向他人告知你的感覺、態度、經歷等個人情況，在親密關係中，自我曝光還包含一定的親密性資訊，並且要承擔分享這些資訊的風險；一般性的交流只需要呈現一些基礎的自我資訊即可，而自我曝光則意味著我們要卸下社會面具，放棄精心選用的言語，與他人分享我們內心深處最眞實的情感與想法。

值得說明的是，無論我們進行自我曝光的目的是什麼，在一段關係中，它都具備不可估量且巨大的震撼力。在一段戀愛關係中，如果情侶之間正處於某種矛盾或誤解中，自我曝光往往可以順利解決問題。

一位專注於自我曝光研究的心理學家曾說，掩飾和隱藏我們內心深處的眞實情感與想法，是讓我們與他人關係變得疏遠的主要原因。拒絕自我曝光將會導致我們對自己以及他人產生揮之不去的負面情感，甚至產生身心疾病（如抑鬱、焦慮等）。一定程度的自我曝光是非常重要的，但我們究竟應該如何進行有效的自我曝光呢？

首先，自我曝光必須是持續進行的，從感情之初到逐步發展成熟後，我們都需要循序漸進地剖析自己。我們經常會看到在結婚後，隨著相處時間的推移，很多伴侶在不同程度上放棄了自我曝光，最終失去信任，讓關係變得一團糟。

其次需要注意的是，自我曝光是雙方互動以及相互影響的動態過程。自我曝光通常是在一方願意進行自我曝光，且另一方願意接受自我曝光下進行。而且，自我曝光的內容不能僅僅是表面化的不重要的資訊，而應當是當下眞實的、發自內心的情感與想法。

說完了自我曝光，接下來就與大家分享一些用於情侶之間，能使溝通交流更順利的實用錦囊妙計。這樣技巧同樣是以讀心術作爲思維模式從而推導出的，大家務必結合前面讀心術的理論一同使用：

1.坦白告知對方你對他的好感、喜歡與愛戀。我們要多讚美對方，時刻關注對方優秀或令你感到不一樣的地方，適時地給予讚賞。

2.坦率表達自己的情感，無論是積極的還是消極的，都不要僞裝或壓抑。

3.至少讓自己看起來非常樂觀、積極，讓自己的身體也同樣表現出積極樂觀。如果你的表情在笑，但身體卻像壓著一塊大石頭，這很難令人相信你是樂觀的。

4.時時從兩個人的角度來考慮事情，言語中學會經常使用我們，而不是「我」或是「你」。

5.自我曝光也需要留下一些私人空間，學會在其中找到合適的平衡點。

6.如果你想和另一半更加親密，要學會面對面交流，同時高頻率地保持目光接觸。

7.學會從另一半的角度考慮問題，可以期待但不要要求對方也這麼做。

8.只有一種情況下你可以打斷對方與你的交流，就是他在稱讚你時，除此以外，你需要的是豎起你的耳朵，認眞聽對方想要表達什麼。

## 第三階段：感情成熟階段

在這一階段，除了以上我們說的要持久保持自我曝光以及多交流外，我們還需要了解感情關係中一個很重要的模式——「時間過濾模式」。

在感情發展的初期，個人背景或環境因素的差異並不是很重要，但一旦感情進入到了穩定時期，雙方的價值取向和家庭觀念的重要程度就會增加。

在感情發展初期，外在的吸引力占據主導；感情發展中期，個人信仰以及道德觀念占據主導；等到感情成熟階段，雙方之間的互補就最爲重要了。

初期無論你與另一半是因爲相似還是有所差異而相互吸引，這都不重要，但到了成熟階段，這種吸引力必須是互補的。只有雙方處於相互學習，相互成長的狀態之中，感情才能夠得以長久延續。所以，一段感情能否得以長久維持，關鍵在於這樣幾個因素：

1.吸引力的適度調整。

2.自我曝光的持續。

3.溝通交流（包含語言與非語言）。

了解並在生活中加以實踐以上幾個層面，你會發現，一段感情的維護並非想像中那麼艱難。

當然，因爲無法維繫、最終導致感情破裂不得不分手的戀情也不在少數。一旦感情最終走向了這個結局，我們又當如何妥善處理呢？

感情破裂，很大一部分原因是彼此之間存在某種衝突，化解衝突有沒有行之有效的技巧呢？這裡就爲大家總結四種不同的衝突處理模式：

1.遠離衝突：和另一半先短暫冷靜一陣子，這樣做能夠掌握主動權但對關係的破壞性仍然很大，冷戰就是屬於這種處理模式。

2.發聲：與另一半就如何處理衝突進行耐心地協商，這樣做能夠掌握主動權，且對於關係恢復有很好的建設性。

3.忠誠：迴避衝突，但仍然要保留對另一半的忠誠與承諾。這樣做你會很被動，但對於關係止損有一定的建設性。

4.忽略：選擇對衝突和另一半都無視，這樣做會很被動，且對於關係具有很強的破壞性。

以上都是可以解決矛盾的方式方法，大家可以作爲參考，看看哪一種方式適合於自己的感情處境。

爲了讓大家做出更合理的選擇，這裡爲大家提供一些用於自我反思的問題，來幫助大家做決定。設想一下最近你和另一半或家人之間發生的衝突，然後考慮以下問題：

1.你當時的反應是什麼？

2.你覺得你完全沒錯且有道理的嗎？

3.你有沒有把這次衝突做歸因呢？如果有的話，歸因是什麼（歸因分爲內部歸因與外部歸因，內部歸因就是從自己身上找問題，外部歸因就是從他人身上找問題）？

4.你試圖埋怨對方或埋怨當時的情況了嗎？

5.你當時的表達方式是平靜的？焦躁的？還是憤怒的呢？

6.你們的感情關係在衝突過後，是更好了還是更糟了？

當你回答完上述問題，相信你會有所選擇的。

一般而言，有三種穩定的伴侶模式：第一種是迴避式，第二種是有效式，第三種是反覆式。

迴避式的情侶在發生矛盾時，通常都比較「佛系」，他們會採取迴避的態度，讓時間來解決問題；有效式的情侶，會積極地就事論事解決問題；反覆式的情侶，就像電影中的男女主角一樣，吵就歇斯底里地吵，和好就轟轟烈烈地和好。

當然，並沒有哪種解決矛盾的方式更好，重要的是哪一種適合你當下的情感處境。另外一個問題是，我們該如何處理失戀的問題。

當不得已要選擇分手時，請記住，無論我們多麼不願意相信或是承認，在這個階段，如何重新找回當初敢愛敢恨的勇氣，才是我們最終要學習的。當然這一切都是說起來簡單，做起來難。這裡只能給到大家一些小的建議了，不妨試試看：

1.讓自己準備好，給自己充足的時間，從失戀的苦海中慢慢地游回岸邊。

與他人建立關係是身爲人的基本屬性之一，一旦失去這種連接，我們必然導致重大的創傷，誰也沒有可能一夜之間就撫平傷口。重點在於不要壓抑自己，痛就讓自己痛得徹底。

這段時期，唯一要注意的是照顧好自己的各種需求，每天多多運動。當然，尋求各種社會支持也是必要的，和朋友家人多多交流此刻的想法與感受，即便是失戀，也需要我們主動且積極地面對。

2. 將所有能夠使你聯想到前任的東西全部清理掉，這裡需要記住，設置黑名單跟刪除是不一樣的。

3. 挑選一個晚上，整理好自己的思緒，帶著懷念的心情，寫下對於前任的思念以及告別，不要壓抑自己的情緒，寫完後裝進信封，最後燒掉它。是的，不是讓你交給他，燒掉是一種具有儀式感的告別。

4. 儘快回歸到社會性活動當中，比如藉由單身的機會，多參加社交活動或是報班學習技能提升自己，重新找回自信。

5. 訓練自己有意識地喊「停」。處在失戀的狀態中，有關於那個人的美好回憶總是會控制不住地出現在腦海中，這時就需要我們有意識地訓練自己。每當此時，就在腦海中寫下一個大大的「停」字，讓這種行爲成爲一種無意識的習慣。

6.多參與放生活動或公益活動，讓自己經常處於有愛的能力狀態中。在失戀狀態下，我們很容易感覺自己沒有愛的能力了，事實上，你我都知道這並非是真實的。

雖然給了大家一些方式方法去應對失戀，但也許仍然是無力的、蒼白的。也或許真的也不需要什麼方法，就像當初愛上他一樣，沒有任何理由。愛真的很簡單，享受它，無論喜悅還是痛，都去擁抱它。

有的人在愛情上如魚得水，有的人則會一直鬱鬱不得志，導致這兩種局面有差異的原因，固然和很多客觀因素有關，也與我們的言行舉止和思維方式這些小細節不無關係。

愛情是非常美妙的東西，我們每個人都渴望擁有愛情，但我們不能僅僅依靠緣分和上天的恩賜。

那些不肯作爲、守株待兔的人，是很難擁有美好愛情的。愛情同樣需要行動，需要對於細節的觀察與留意。愛情，既然是心與心的關聯，那麼就請你重視彼此的內心，做一個善於讀心的人，讀懂對方的內心，從而擄獲對方的心。

# 第九章

# 讀心人眼中的「買與賣」

消費與銷售，往往是個一體兩面的問題，會買的不一定會賣，會賣的往往也不一定就會買。

消費者如何確定自己買到手的東西就一定是自己想買的？我們會不會被某種看不見摸不著的東西所操控？銷售人員費盡心思打磨的銷售技巧是否眞的能夠達到銷售目的？這一章，我將透過心理與行爲分析，爲各位分享一個讀心人眼中的「買與賣」。

透過直播賣口紅的「行銷狂魔」李佳琦，近來可謂紅遍了整個網路。導購員出身的他，透過富有技巧的解說手段和老練的行銷心理把控，實現了令人瞠目結舌的業績。

然而作爲消費者的我們，顯然不能一味地去迎合這些行銷手段——不然很快我們的「財政赤字」就會把我們推進深淵。

一方面，我們需要透過行銷資訊來獲得商品的情況；另一方面，我們又怕中了商家的行銷圈套。這之中的關係應該如何拿捏？我們怎樣在商家日新月異的推銷「攻勢」裡辨別眞假，避免受騙呢？這一章會給你答案。

每逢情人節、週年慶等節日，我們總會看到一些人向朋友們說道：「你知道嗎？我終於鼓足勇氣把購物車清空了！」很多人在消費時可能從來沒有思考過這幾個問題：我們爲什麼而消費？我們所買的東西，一定就是自己非常想買的嗎？消費眞的存在衝動與理性嗎？如果存在，那我們應該如何克制衝動消費呢？

我們再回顧一下那個生活小場景，當這個人對朋友們說出那句話時，臉上的表情、動作以及神態，是不是都與情緒情感直接相關？

從某種程度上說，我們所消費的並非僅僅是物質商品，我們其實是透過消費滿足了自己的情感需求。可大家有沒有想過，我們眞的需要透過消費來滿足情感需求嗎？還有沒有更合適的選擇呢？是不是我們找到了另外一個情緒的出口，就能夠克制自己的衝動消費呢？

請你再想像這樣一個場景。在某商場的兒童玩具售賣區，我們看到一個四、五歲的孩子正在聲嘶力竭地向父母索要一個心儀已久的玩具。在此請大家回答一個問題，這個孩子眞的是喜歡這個玩具嗎？很明顯不是。因爲我們經常會在這樣的情景之中，聽到父母說出這樣一句話：「不是已經給你買過一個了嗎？怎麼還要？」

大家有沒有發現，不論是買東西的人還是這個四、五歲的孩子，在消費行爲的本質上幾乎都是一樣的。只是孩子的認知能力讓他沒有辦法說服父母爲他再購買一個同類的玩具，而成年人卻能夠找出各種各樣的理由來讓這筆消費變得合理化。

我們必須承認，我們生活在一個充滿「廣告」的環境中，而每一個廣告其實都是在向我們供應某種生活方式或某種價值取向，也都在向我們做出不可能兌現、或者不可能完全兌現的承諾。

我們甚至可以簡單粗暴地理解爲：「如果我們想要感覺到幸福滿足，就必須要買、買、買！」如果你也恰巧這麼認爲，那麼你已經陷入了廣告商的圈套之中了。在你每一次整理房間時，那些曾經心心念念要買回來，如今卻令你不知道該如何處理的物品就是最有力的證明。

我們要想眞正理性地對待廣告的影響與控制，就必須要清楚廣告是透過哪些手段來影響我們的。在此我想引用一位心理學研究專家所說過的一句話：「你必須明白，人類對語言有著內在的抵禦機制，但對形狀（圖像和符號）和顏色卻沒有同樣的抵禦機制，因爲我們沒有意識到形狀和顏色對我們產生了怎樣的影響。」

## 顏色是最強有力的表達情感工具

在一個關於「無意識的身體反應」（比如眼球轉動、心跳、大腦活動）的研究中，我們發現，當我們看到某種顏色時，這種顏色會迅速而強烈地引發我們內在的反應。語言可以被我們識破，顏色通常是在無意識中以一種無法言喻的方式影響著我們，我們對顏色毫無招架之力。

厄內斯特是一位非常著名的心理學家和市場行銷專家，他曾經總結過顏色對心理產生的影響，這些影響總結如下：

1. 顏色能夠引發我們的情緒。
2. 顏色可以在瞬間啓動我們的情感。
3. 顏色容易使受衆產生強烈的認同感與情感投入。
4. 顏色可以增強資訊的凝聚力與整體性。
5. 顏色不像語言或圖像那樣需要翻譯思考，比任何東西都要容易被感知。
6. 顏色對人的影響往往是持久的。

此刻，我想和大家做一個讀心遊戲，來看看顏色是如何被我們感知並影響我們的。現在，請大家專注於我所說的內容，並立刻說出一種顏色來。

我相信大多數人都想說的是紅色。我們通常情況下都會想到紅色，這是因爲紅色和人類幾乎是最爲相關的。在我們的印象中，紅色常常傳達出危險的、禁止的信號，這其實也是在告訴我們，我們已經賦予了每種顏色以一定的意義。

那麼，顏色究竟是怎樣被行銷者所使用進而影響我們的消費行爲呢？厄內斯特做了這樣一項實驗，恰好充分說明了這一點：

厄內斯特爲了驗證咖啡包裝的顏色能夠對消費者的口感產生影響，自己煮了一大鍋咖啡，然後再把咖啡分別倒入不同顏色的杯子當中。這些杯子的顏色依次是棕色、紅色、藍色以及黃色，結果他發現：73％的人覺得棕色杯子中的咖啡過於濃烈，84％的人認爲紅色杯子中的咖啡口感很豐富，79％的人認爲藍色杯子裡的咖啡口感適中，而87％的人則覺得黃色杯子裡的咖啡口感太淡。

包裝使用的顏色能引起我們對內容物的期待。內容物是什麼不重要，重要的是這些期待會影響我們品嘗或是使用它們的感覺，儘管這些感覺往往只是錯覺。別忘了，四杯咖啡都是出自同一鍋。

當然，聰明地運用顏色是喚醒基本情感的最好方式。顏色往往代表著一種自由的表達，而形狀則象徵著某種秩序，這一點，路易士．切斯金的實驗爲我們再一次提供了有力的證明：

路易士在一次實驗中，將同樣的商品進行了兩次不同的包裝。他在一個包裝上畫上三角形，而在另一個包裝上畫上圓形，讓參與實驗的被試者選擇更喜歡哪一個，結果80%的人都選擇了畫有圓形標誌的商品。

這個實驗並不一定能說明，你也一定會選擇畫有圓形圖案的商品，你當然也有可能會選擇三角形。沒錯，我們當然有追求個性化表達的權利，但是這個實驗告訴我們，我們似乎不善於將產品與包裝分開對待，我們往往會因爲某種產品的包裝精緻，就認定該產品本身的性能也不會差。

其實，像諸如此類的影響我們的消費行爲的案例不勝枚舉。英國ＢＢＣ電視臺曾做過一部紀錄片，一個廣告設計團隊爲生活中最普通不過的自來水設計了一款具有未來科技感的瓶子，上面印有$H_2O$等化學元素以及一些奇形怪狀的形狀圖案。

紀錄片團隊將這樣的水帶到生活場景中，讓普通人去品嘗並爲它定價，結果令所有人大吃一驚——80％的人都覺得這款水具有很多功效，並爲其定下了高出市面上大部分純淨水的價格，而這款水其實僅是來自當地的自來水。

想想看，我們在生活中有沒有被某款純淨水的包裝所吸引，並相信它擁有什麼特殊的功效呢？正如大家所看到的，我們每天都在被形形色色的廣告、包裝以及創意設計所吸引眼球。它們操縱著我們的購買欲望，讓我們在無意識中被其影響。

**如果購物是一種非理性的行爲，那麼包裝就是引發這種行爲最有效的工具。**從理論上來說，當商品設計者在設計某種包裝時，他必須要想到這種包裝會釋放出怎樣的資訊。我們無須知道任何包裝所釋放的資訊，但我們要清楚，我們喜歡上的東西並不是內心的眞實需求，很有可能是包裝誘導我們喜歡上的。

讓我們看看，我們每天都經過的商場是如何使用心理僞裝技巧，來促使我們買下一堆原本沒有計畫購買的商品的吧！

首先，在每個大型賣場中，如果你仔細留意，你會發現有很多鏡子，這些鏡子會在無意識之中影響你的購買欲望。

當我們走過這些鏡子時，都難免要看一下鏡中的自己，這恰好可以讓你在某一家店鋪門口駐足一下。如果此時你正好對自己的服裝搭配不是太滿意，那麼太好了，旁邊就是一個你心儀的品牌，來，進來看看吧。

當你剛剛走進這家服裝店時，你需要幾分鐘時間來適應一下這家店面的光線以及裝修風格。而就是這個時候，這家店鋪的燈光、色調就已經開始對你產生影響了。此時，你不會直接挑選衣服，更不用說買，當你適應了這種新環境對你的刺激之後，你就要開始切入正題了——你要挑選衣服。

一般情況下，我們依照習慣，通常會向右手邊的貨架走去，而商家恰好就利用了這一點，將大部分新品陳列於你的右手邊，同時，同一列貨架的商品往往是陳列於尾端的商品賣得最好。這裡遵循了購物專家派克·安德希爾所提出的一個因素，叫作「堆擠因素」。也就是說，我們不喜歡在堆擠的物品之間進行挑選，因此，我們通常都會選擇尾端或者說靠近尾端的商品。也正因爲如此，貨架中間部分所陳列的商品也賣得最不好。

還有一點，當我們在走路時，眼睛往往是直視前方的，這對於按規則排列於兩旁的貨架上的商品是不利的，因此商家往往會將他們想讓你購買的商品，單獨擺放在醒目的獨立櫃檯中，這其實是在提示你「好東西在這裡，快來選購」。

接下來，你要做的就是觸摸商品，感受這件商品的質感，這一點是網路購物所滿足不了的。這裡提供給大家的資訊是，我們在計畫外購買的大部分商品，都是我們眞實觸碰到或品嘗到的東西。

派克·安德希爾發現，把牛仔褲帶進試衣間的男人，有65%的可能性會最終買下它，而女性僅僅只有25%。對於男性而言，價格不是他們的第一考慮因素，因此男性的衝動消費在某種程度上可能是高於女性的，他們更容易購買計畫以外的商品。

還有這樣一個有趣的技巧，也被大多數商場所使用。他們會將一些很難賣出去的商品或非生活必需品擺放在收銀台附近，這樣當你排隊結帳，並感覺自己已經完成此次購物時，很有可能因一時衝動買下它們。

## 打折的美麗謊言

當然，打折一定是你最關心的問題。我相信很多人一定都知道，打折其實是個美麗的謊言，因爲我們根本就不知道商品的成本是多少，也無法確定商家以什麼標準在調整價格的漲幅，我們只會被對方的優惠策略迷惑得團團轉。市場行銷人員總是定期營造出一種緊張的打折氛圍，目的顯而易見——促使我們「心動不如行動」，趕快趁機購買。

商家將原本的價格提升，然後以優惠促銷的方式誘使消費者下單，讓他們相信自己用很划算的價格買到了這件商品，但實際情況並非如此。

那些用黃色字體紅色背景寫下的「減價」，只是爲了讓你買下它，除此以外沒有任何意義；而那些所謂的試用品、免費商品，不過是爲了促使你的潛意識放出信號。比如「請你品嘗一個最新推出的特色食品」，會令你的潛意識釋放出「饑餓」信號，最終，就算你沒有購買這種食品，你也已經將目光調整到食品專賣區了。

還有所謂的「對比定價」與「誘餌定價」。商家往往會在某一商品的打折中適當虧損一些，讓你有一種「賺到了」的感覺，因爲他們心裡清楚，當你從店裡走出去時，帶走的不僅僅是這件打折商品，還會有更多其他沒有打折的商品。

如果此時此刻你又恰巧被某種情緒所綁架，比如傷心、孤獨或備感壓力等，你的衝動消費欲望就會更強烈。那些投放於大螢幕上的廣告也會令你產生購買的衝動，廣告片中名人的推薦，富有誘惑力和煽動力的廣告詞，演員的情緒釋放等都無時無刻不在影響你、操控你，刺激你的神經。

我們之所以會買下那麼多不需要的東西，除了消費主義盛行的時代背景外，個人的內部情感需求也是關鍵原因之一。可以這麼說，你買下的東西不是代表了你是誰，就是代表了你想成為誰。我們有很多種購買東西的動機，但其中有兩種最具代表性，那就是我們看到了那件商品所為我們製造出的身分認同以及情感調節。

你有沒有覺得購物很紓壓？有沒有覺得穿上這件衣服，你就能和櫥窗裡的模特兒一樣美麗或充滿魅力？這無疑是個騙局。商家正是因為抓住了這樣的動機，然後結合一些行銷手段，來對你進行資訊轟炸，彷彿所有的聲音都在告訴你：買了你就幸福了，買了你就快樂了，買了你就擁有了一切。

我們說，人是社會動物，我們想要獲得情感的需要與滿足，最有效的途徑就是連接他人。透過連接他人，我們確定了自我的存在，獲得了一份長久的安全感。

當我們在現實生活中，沒有辦法妥善經營我們的人際關係時，我們的情感就需要一個出口，此時，消費就是最容易滿足我們的途徑。那些容易讓我們產生衝動消費欲望的物品通常有以下四類：

**①情感滿足類**

這類商品往往有著精緻的樣子，而且不貴，大部分人都買得起，購買這些東西時，我們腦中都會出現這樣一句話：「這個，我值得擁有。」而且，當我們買下這類商品（如化妝品、書籍等）時，往往毫無罪惡感。

**②生活奢侈品**

這些商品往往既實用又擁有精美的品質，一些所謂名牌就在其中，這些商品更多的價值在於經久不衰的品牌。

### ③身分象徵類

這類商品往往只是滿足了個人喜好以及身分的象徵，比如藝術品、古董或是極爲冷門的收藏品，我們透過這些來釋放自己的身分。

### ④生活類

這類物品往往具有極強的實用價值，比如微波爐、電視機、榨汁機等。當我們瘋狂地陷入消費欲望的陷阱中時，必須敏銳地感知到，我們離所謂的安全感也越來越遠，最終留下來的，只剩一堆等待處理的垃圾以及一個永遠塡不滿的內心空洞。

這個時代總在暗示我們擁有豪車、包包、限量版的鞋子等物質財富就等於成功。然而，眞正擁有這些東西的人幸福了嗎？

我們習慣把擁有的東西視爲對自己存在的一種表達，證明我們的存在。然而，是什麼讓我們存在呢？是人與人之間的關係。

人是社會性動物，一定需要很多外在的東西來保護我們，以此獲得安全感，比如食物、衣服、房子，但當我們過於重視某一種安全感的來源，便會慢慢忽略其他的來源途徑，從而迷失在消費欲望的陷阱中，而不去想透過建立關係去獲得安全感。

那些在人際關係上無法獲得安全感的人通常會覺得，擁有物質財富會讓自己更有安全感，也因此，他的戀愛關係、朋友關係、與父母的關係等統統都會受到影響。

那麼，我們應該如何克制消費欲望，實現理性消費呢？這裡給大家分享幾個在生活中可以立刻使用的技巧：

### ①每次購物之前，手寫出詳細的購物清單

手寫是一種表達與確認，這會促使我們更加確定自己要的是什麼。當然，它也有助於我們減緩購物時的壓力感。有時，我們不得不承認，是壓力造成了我們的盲目購買。

### ②讓自己購物的節奏慢下來

透過刻意放慢的速度，給自己更多的時間去審視自我，綜合考量過後，確定自己是不是在衝動行事，再做決定。

## ③學會關注商品本身

你要學會分清楚，一個商品使你感興趣的原因究竟是什麼？

你可以將這三個技巧當成三個習慣，我們需要這樣的習慣來說明、控制自己的欲望。時刻記得從擁有的東西中，尋找一份穩定的安全感。

在如今的市場經濟環境下，每一個消費者都應該懂一些消費心理。一方面可以客觀地評價自己的購物需求和購物行爲，另一方面也要對商家的各種宣傳做好合理的防備。有了這些「護身符」，我們就能做到「知己知彼，百戰不殆」，該買的東西照樣能買，不該買的就省下寶貴的金錢、時間和精力。

# 第十章

# 讀心識人，只爲遇見更好的自己

學習讀心術眞的是爲了讀懂他人的心思嗎？說到底，人與人的相處本質上類似於「照鏡子」，我們透過他人照見眞實的自己，而讀心人更是如此。我們需要在每段關係中，樹立這樣一面鏡子，讓他人看見自己，也爲了讓自己看到原本不完美的自己。

回顧前文，我們透過各種各樣的方式比如觀察、微表情識別、肢體語言解讀等，試圖讓大家理解、接納所謂的「讀心術」，但總有人會感覺收獲不大，無法將其眞正運用到生活中。

讓我們撥開這些技巧的「迷霧」，繞到讀心這件事情的背後去看看，在對這件事情接納抑或是批判的過程中，究竟遺漏了哪些線索。

這一章的內容可以看作踐行所學內容之前的「指導手冊」，我在前面曾無數次強調，觀察比判斷更重要，或者說，判斷的前提必須是基於盡可能多的觀察。如果你想知道一個人是否在對自己說謊，前提一定是你是否透過一些證據看到了對方說謊的痕跡，而不是一廂情願地給對方「貼標籤」。

需要說明的是，在現實生活中，謊言也有存在的必要。我們可以想像一下，如果在我們的人際交往過程中，完全沒有謊言的發生，很多事情的眞相是否眞的有利於人際關係的和諧發展？

**謊言未必需要揭穿**，學習識別謊言的目的，也僅僅是爲了讓我們更深入地了解謊言，了解一個人說謊背後的動機，從而了解事情的眞相。

讀心術其實是一種「語言」方式，它讓我們在互動的過程中，樹立以人爲本的原則，站在對方的角度去思考問題，去溝通交流，而不是自說自話。

我見過很多心理學從業者，無論是心理諮詢師還是心理學研究者，如果他們對自身的溝通能力過分自信，過分相信自己的主觀判斷，那麼在生活中，他們反而是溝通能力最差的一類人。

我希望你能把學習到的東西眞正放到生活實踐中，而非生搬硬套，因爲任何技巧都無法涵蓋所有的人。

## 以接納取代控制

很多人學習讀心術，其實是抱著想要「控制他人」的想法，但試想一下，如果這個人恰好處於戀愛過程中，那麼他就一定很想透過「讀心術」去知道對方是不是喜歡他。再下一步呢？很明顯。但如果愛情是可以人爲製造與控制出來的，那麼我相信那一定不是愛情。

其次，一切有關人際關係的問題，歸根結底多來自於人的「控制欲望」。當我們想要控制一個人或一件事情時，我們就失去了換位思考的態度，失去了「讀心」的能力，也就不可能眞正了解對方的眞實內心。

當你透過任意方式去了解一個人對你的想法或是態度後，下一步是不是應該回到自身去看看爲什麼對方會這樣想你？只有在這樣的視角轉化下，才有可能促進自己的「取長補短」，也只有在這樣你來我往的交互過程中，才能眞正激發出讀心術的現實意義。最終你會發現，讀心術幫助你實現了人際交往的良性迴圈。

我們再試著將這樣的模式放入親子關係中看看：當一個母親對孩子的叛逆感到束手無策時，往往會怎麼做？憤怒。而表達憤怒的方式往往也就是強硬的壓制。這時候只要壓制出現，就出現了我們所說的「控制」，而「控制」的結果大多是沒有結果，或者說不可能控制得住。

從根本上而言，母親應該是最了解自己孩子的，但現實生活中，爲何每每最讓孩子厭煩的，也恰好就是他的母親呢？一切的根源都是來自某種自以爲是的「控制」，母親的每一次「控制」，都是孩子成長過程中一道看不見的疤。

很多人一定會說：「那我們就乾脆放任不管嗎？」任何事情都不是「非此

即彼」，說不要控制並非放任不管，而是要控制得當，有的放矢。

對於孩子而言，無論你控制或不控制，他都會經歷一段叛逆期，這不過是一種「心理能量」的釋放。作爲父母，我們要做的就是陪伴孩子一起度過這個釋放過程。在這個過程中，一定會有諸多複雜的情緒推動著你去「管控」，但你要明白，**這一切從來都不是孩子「叛逆的問題」，而是你自身的成長不能夠接納孩子的問題**。

在對待叛逆的孩子這件事情上，你需要學會觀察。學會觀察可以讓你做到耐心的陪伴，只有耐心的陪伴才有可能更多地了解孩子，了解你與孩子的關係，從而在與孩子的互動中看見自己的不足，最後得到成長與改變。

對於任何一段關係而言，讀心術只是充當了維護這段關係的一種方式與技巧，這個技巧背後所遵循的原則就是「以人爲本，以對方的感受爲主」。當我們了解了自己與他人後，才能讓彼此之間的關係變得更好。

記住，就算你有能力讀懂他人，如果你不了解自己，那麼你也無法眞正建立一段讓你自覺舒適的關係。

任何事情都存在不同角度的認知與理解，一段關係也是如此。我們控制不了一段關係的走向，就像我們無力控制大衆對我們的褒貶一樣，而我們能做的就是，在互動中看見自己，接納自己，獲得成長。

我們如何去感受一件事情，都有一個固定的模式，也正因爲這個模式，我們才會按我們的方式去理解一件事情。我們應當如何改變自己對於某件事情的情緒以及態度，從而驅趕那些不好的、負面的情緒呢？現在，請各位閉上眼睛，想像任何一件讓你感覺愉快或是恐懼的往事，然後按照我說的去做。

我們現在要做的是，讓你把曾經一度令你感到不快的事情，在腦海中重新塑造成感覺愉快的畫面。有以下幾個具體步驟，大家可以多多練習：

1. 將自己置於安靜的環境中，閉上眼睛，回憶一幅令你感到愉悅的畫面，然後請在腦海中保持這幅畫面。如果在你腦海中呈現的不是一幅靜態的圖像，而是一部「動態的小電影」，那請在你的腦海中反覆播放幾次。

在觀想的同時，向自己提出如下幾個問題：

（1）這是一部電影還是一幅靜態畫面？

（2）畫面色彩是鮮豔還是老舊褪色？又或者是黑白色？

（3）畫面或電影離你近嗎？抬起手臂去觸摸它，有沒有一隻手臂長？

（4）這個畫面有多大？

（5）你是否感覺在畫面之中，視角是第一人稱還是第三人稱？

（6）有沒有感覺畫面在快進或是快退？

（7）畫面就在你的正前方嗎？你是仰視它還是俯瞰它？

2.現在，請將這幅令你感覺到愉悅的畫面暫時拖放到右下角，試著在你的正前方去觀想另一幅讓你一度感覺到煩惱或是鬱悶的畫面，同樣問自己以上七個問題，然後努力找找看，這兩幅畫面之間有什麼不一樣、或是一樣的地方？

3.現在，請將令你感到不快的畫面中那個令你感到煩惱的行為，替換到剛才那幅令你感到愉快的畫面中，然後再試著修一修圖。不用覺得做不到，試著調整這兩個畫面不太和諧的地方，讓這兩幅畫面同樣具有愉快的模樣和感覺，讓鬱悶的畫面與愉快的畫面保持一致。

4.爲了加大這種愉快感覺的份量，你可以在新的組合畫面中添加一些背景音樂，從而增強畫面效果。想像配合著音樂，新畫面會越來越鮮豔明快，慢慢地你會開始隨心所欲地操縱這些事情。

當你做到了以上幾個步驟，你需要做的就是多多練習，讓它們發生得更自然一些。我們都習慣用同一種方式去思考，去做熟悉的事情，這個練習就是告訴大家，你需要用新的畫面去替代老舊的畫面，老舊的畫面未必不能重新上色修圖。

透過這個練習，你可以將那些陳舊的、煩惱的事情全部強行塞入一個令你曾經備感愉悅的畫面中，同時告訴大腦：「我可以重新選擇，我不要這樣，我要那樣！」每次做完這個練習後，請記得清空你的大腦，讓它放空。

睜開眼睛後，記得問問自己，你對曾經發生在你身上並令你感到鬱悶煩惱的事情，是否有了一些看法上的改變呢？嘗試去練習吧，請相信我，你的人生也許眞的就會發生很大的變化。

當我們合上這本書，裡面的很多內容必然會被各位讀者逐步淡忘，但我也相信，你對於內心世界的關注、認知和實踐，必然會爲自己的生活、工作和感情等各個方面帶來助益。我們透過這本書相遇，是一種妙不可言的緣分，希望你能在這份相逢之中，看到未來更好的自己的模樣。

番外篇

# 職場博弈論

# 【附錄一】職場心理

如果你是那種不太需要與人合作的「獨立工作者」，你不必在這章上花費太多精力；但如果你身處一家公司，從事的是需要與人合作的工作的話，你很有必要讀這一章。

在職場，有的人爲了愛好而工作，有的人爲了收入而工作，有的人爲了一種使命而工作，而有人只要覺得這份工作能夠發揮自己的長處就好。不論你屬於哪一種情況，只要你在職場，你就不再是單打獨鬥。在職場，你需要了解這兩個問題：

**第一，在這個「場子」裡，有很多人在共同工作。**

社會發展到如今，分工越來越細，有人專門生產螺絲，有人專門採購螺母，還有人專門去做把螺絲和螺母擰到一起的工作……人多了熱鬧，但也給我們製造了一些困難，你需要擅長和不同性格、不同角色的人打交道。

眼前人多了，事情複雜了，難度自然加大，你不能永遠只躲在自己的舒適圈裡。你一定會想把各方面的關係都搞好，如果搞好了，你能八面玲瓏；搞砸了，他們會變成讓你苦不堪言的魑魅魍魎。

**第二，你們會相互影響。**

在物理學界，科學家們用「場」的概念定義了這種相互影響的關係。你會對這個場子產生影響，這個場子也會給你施加一種影響。這種感覺就像漣漪一樣，我們每個人都是一艘船，當水面的某個地方引發了波動，就會影響到每一艘船，而你的起伏也會影響到其他人。絕大多數時候，這種影響會形成一條漫長的「故事線」，故事的結局是悲是喜，就看每個人的修爲了。

所謂的「職場心理」，包括自我認知、情緒管理、語言分析、行爲指導、角色調用、因應處理等多方面，如果你能處理好，工作就能變得順利。

## 職場的另外一面：殘酷而令人崩潰

二〇一九年三月，有一個年輕人騎腳踏車在路上逆行。在交通警察把他攔下來後，他給女朋友打電話說：「我逆行騎車被抓了，現在走不了，你在那兒等我吧。」這個電話打完，他就崩潰了。

摔手機、下跪、痛哭、狂奔，甚至有輕生的念頭……整個過程，他沒有說出一句髒話，滿口都是「對不起」「我壓力好大」「大家還在等我加班」，這個背負無數壓力和委屈卻一直無法吐露的職場年輕人，用一次歇斯底里的崩潰，引發無數身處職場的網友的感同身受，「像極了無數個懂事到連哭都要在無人的夜裡捂住嘴巴怕人聽見的你我」。

有天晚上10點多，一位醉酒的西裝革履的男子趴在地上不起，身邊到處都是嘔吐物。路過的人幫忙叫了員警。員警過來後，該男子的意識還保持著清醒，他告訴員警自己的妻子很快會來接他，還不斷向員警道歉：「對不起，打擾你們了。」

事實是，這位男子是初入職場打拚的外地人，雖然他很不喜歡應酬，但由於自己是做銷售的，爲了爭取客戶簽單，還是只能陪客戶喝酒。等妻子到來，暖心地抱著他給他安慰時，他自責地說道：「我感覺自己眞的沒用。」

職場是殘酷的，因爲我們要面對很多來自工作和職場上人際關係的壓力。我們要做的，是儘快洞悉職場規則，提升自己的業務能力，讓職場成爲我們升職加薪添光彩的舞臺。也正因此，了解身處職場所需要的「心法」，讓自己更加了解他人，處理好錯綜複雜的人際關係，是非常有必要的。

## 行走職場，攻心為上

《三國演義》中，諸葛亮即將南征蠻王孟獲，在和前來犒軍的馬謖聊天時，馬謖對諸葛亮說過這樣一句話：「夫用兵之道，攻心爲上，攻城爲下；心戰爲上，兵戰爲下。願丞相但服其心是矣。」這句源自於《孫子兵法》的至理名言，最終幫助諸葛亮徹底搞定了南方問題。沒有了後顧之憂的蜀國，也才因此放心地向北方曹魏用兵。

思維決定行爲，誰能搞定人心，誰就能立於不敗之地。戰場上是這個道理，職場上也一樣。決定職業生涯的除了業務能力，還有一項「控場因素」，就是職場心理。那些在職場上會做事的人，首先是「攻心」的高手。

職場心理學源自心理學，但又和純粹的心理學有很大的不同。作爲長期研究和關注心理學的人，筆者必須承認，目前的心理學流派衆多，關於腦科學的很多基礎研究還沒有形成清晰、一致的總體系統。所以涉及心理學的很多分支雖然有大量的科學化推理結論，但還遠沒有形成一門系統的學問。

看上去飄忽不定的職場心理學，我們應該怎麼面對，又怎樣去應用呢？

## 識別職場角色，制定最優策略

設想一下，正在陌生城市開車或者步行的你，盯著眼前的導航軟體略帶緊張地前行著，這時候如果手機的定位功能突然失靈，你是不是會陷入非常窘迫的境地？

一切手忙腳亂的問題，都源自於「位置」的丟失。工作也是一樣，只要是多人的工作，其中的每個人都有其各自的「位置」。明確自己的位置，很有必要。

你也許會聽到上司經常說的一句話——「請找準自己的位置」，這句話意味著什麼呢？顯然，這意味著你需要好好修復一下你的「定位功能」了。如果這個功能出了錯誤，你在處理各種關係時就會顧此失彼，惹來諸多麻煩和非議。很多人明明很努力，最終卻鬧了「衆叛親離」的下場，就是對自己在職場的角色定位不夠清楚。

身處於群體中的工作者，在處理問題時經常會有這樣的困惑。比如你發現了一件非常有價值卻有一定風險的業務，到底要做還是不做？是自己去做還是叫上同事一起去做？自己單獨做了會不會成爲「出頭鳥」？叫上同事去做，如果事情搞砸了，自己會不會成爲那個把集體「拖下水」的罪魁禍首？類似的種種問題，都需要事先結合「定位」去分析。只要明確了定位，就可以透過你和同事們對應的角色心理，去裁定那個最適合你的做事策略。

定位的第一步，是明確你周邊的區域。我們常說「物以類聚，人以群分」，然而身在同一間辦公室的同事，卻未必一定是所謂的志同道合者。

如果你運氣夠好，身邊的同伴和你秉持著相似的目標和一致的價值觀念，而且團隊所做的事本身也具有較高的價值，那麼你們做事的方法一定也不會太差（雖然處事方式可能各不相同）。這時你只要和同事說清楚這件事情的利弊，自然會有集體建議和決策，決策之後就只管放手去做就好了；反之，如果大家都只是爲了生活才聚集到一起，沒有秉持相似的目標和一致的價值觀念，那麼每個人就會對他人的行事方式高度敏感，此時不犯錯比冒險更明智。哪怕是你認定此事值得，最好還是不動聲色地去做，這樣不論成敗，都避免了很多閒言碎語，甚至是干擾阻撓。

實際上，那些具有生命力和成長性的團隊，往往都有較高的包容度，而那些喜歡「槍打出頭鳥」的人，反倒是弱者角色。

「綿羊才害怕掉隊」，當狼群發動攻擊時，綿羊們紛紛逃竄，只要自己不成爲最後一個，那麼被吃掉的就不會是自己。反過來說，如果身邊的綿羊夥伴們紛紛加速奔跑，自己很可能就離後面的狼群不遠了，所以處於弱者角色的人，對周圍卓越的同伴容易產生嫉妒心理。

提及職場角色，有一個心理學效應你必須了解，那就是「刻板效應」。刻板效應是指人們容易對某個群體保持一種固定不變的、習慣性的看法和評價。比如如果面試官對面試者的身分背景、學歷能力有一個固定且籠統的看法，就很容易造成他們無法將有能力、但學歷缺乏的人才匹配在合適的崗位上，所以大家都應該努力打造好自己的職場角色。

# 【附錄二】職場情緒

我們會有這樣的體驗——同樣一件工作，同樣一個任務，爲什麼這一天做時就順風順水，而那一天做起來就各種出錯呢？

人是有情緒的動物。我們的情緒會有高潮，也會有低谷，有時它會給你提供無形的幫助，有時它也會把一切搞砸。

行走職場的頂尖人士，大多是了解和掌控情緒的高手——他們不但能夠管理好自己的情緒，還能根據對方的情緒去配合同事或打擊對手，就好像宮鬥劇裡那些手段深厚的嬪妃，靠著類似的技術就能把仇家逼瘋。

當然我們不鼓勵利用情緒去勾心鬥角，但合理利用情緒來面對工作，進行自我保護總是必要的。想要成爲駕馭情緒的高手並不是那麼容易，但這絕對值得你去爲之努力。從哪裡開始著手練習呢？在此提供三個非常有意義的話題：

1. 情緒，究竟對我們的工作有著怎樣的意義？

2.在不同情況下，我們的情緒爲何會有如此大的區別？

3.我們應當怎樣去掌控情緒，或我們應當怎樣避免被情緒「綁架」？

搞清楚了這三個問題，情緒就是那個天天爲你保駕護航的天使，而非惹是生非的魔鬼。我們常常提及的「情商」，就是「情緒商數」。

資深情商研究專家、哈佛大學博士戈爾曼將情商定義爲五個方面的能力：認識自身情緒的能力、妥善管理情緒的能力、自我激勵的能力、認識他人情緒的能力和管理人際關係的能力。綜上所述，不難發現，情商絕不是懂得討某人的歡心，也不僅僅是懂得照顧他人的情緒，情商的優先順序是培養良好自我的覺知。

在《情商4：決定你人生高度的上司情商》一書中，作者闡釋了這樣一個觀點：在職場的最高層次——上司力的競爭力模式體系裡（包含以情商爲基礎的各項能力），情緒管理能力對個人競爭力的貢獻率在80％—100％不等。

一家專注於執行力分析的國際研究公司的研究主管指出：「CEO們被聘用和賞識通常是因爲智力和商業才能，而他們遭遇解聘卻多是因爲缺乏情商。」這也充分說明，不僅僅是職場小菜鳥需要關注情商，當你修煉成老兵後依然要關注這一方面。在頂層的決鬥中，智商和技術能力指標的重要性並沒有你想像的那麼大，一切還是拚個「心法」。

說到情緒對於工作的意義，筆者常常會打一個比方：「在工作中，你的能力是肉體，而情緒是衣服。」

我們的工作能力在短時間內很難快速改變，但情緒是比較容易改變的。情緒色彩就好比衣服的色彩，可以顯著地讓其他人看到你現在的狀況。好的情緒可以爲你「遮羞避寒」，能適當掩蓋你的缺點、放大你的優點，進而提升你的整體形象；而壞情緒則讓你顯得狼狽、低劣甚至不可理喻。

在工作中，你可以透過觀察他人的情緒去做判斷——如果一個人常常情緒高昂，經常散發出一種工作激情，那麼他一定是工作能力較強的人；如果一個人常常情緒低落，情緒飄忽不定，那麼他應該是個職場新人，看起來不夠成熟。

當然，人的情緒有高有低，不能一一概括，但是，那些善於調整自己情緒的人，在職場上一定是個高手！

人的情緒會受到心情、性格、目的、外界環境、荷爾蒙和神經遞質等因素影響。情緒的產生需要人的內部生理因素和外部客觀因素引發，並且最終由人的意識去觸發情緒。

在潛在的意識之中，我們的情緒更懂得我們想要什麼。情緒，是你的大腦根據眼前的情況做出的一個「調整指令」，它希望你能夠做出最合理的舉動，去配合眼前的情況。

了解了這個原理，我們來看看如何調節自己的情緒：

## 調節情緒的七個方法

| 方法名稱 | 方法描述 | 注意事項 |
|---|---|---|
| 心理暗示法 | 自己當自己的教練／上司／老師，自己給自己教育鼓勵，透過有意識地自我暗示，擺脫眼前的極端情緒（如緊張、畏懼、逃避等）。<br>在執行某種複雜技術操作時，口中可以默唸過去總結的要領口訣。在做事的過程中，先在腦中預想一下你希望的結果，這樣在行動時，人會不自覺地貼近這種理想情況。 | 在進行心理暗示時，多想一想自己成功的案例，如果沒有成功案例，那麼就告訴自己「這一次就會做成」。這種自我暗示未必能產生完美結果，但如果此次沒有做成，不要否定自我暗示的意義，而是事後去想本次細節中有哪些進步。 |

| | | |
|---|---|---|
| **轉移注意法** | 在進入「鑽牛角尖」情況時，或者一件事情怎麼做都做不好時，你就要考慮轉移注意力了。你可以去關注某一個技術性的細節，比如目視遠方、看看周圍的事物，或者去感受一下身體各個部分的知覺，這樣能讓自己從眼前的情況中「脫離」出來。 | 很多錯誤源於過度關注某一件事情，導致了「單打一」。適度轉移注意力，可消除這種精力過分集中產生的負面效果。在注意力轉移時，也不要完全忽略事情本身，避免矯枉過正。 |
| **合理發洩法** | 在情緒憋悶、低落、沮喪時，可以透過劇烈運動、大聲唱歌等方式來發洩。由於發洩時人可能顯得不太正常，所以建議這些動作可以找個沒人的地方實行。 | 實際上，情緒過度高昂時也需要適度發洩，避免自己過度喜悅而導致樂極生悲。 |
| **自我說服法** | 在強烈排斥、憤怒等情緒發生時，人不容易做好眼前的事情，此時就需要為眼前的事情做出合理解釋。這種感覺就好比是辯論賽一樣，你要分裂出另一個自己，舉出一個個例子來說服本來的自己。 | 自我說服並不是妥協，而是根據眼前的實際情況做出調整。這是智者和強者的方法，不是沒有原則。 |

| 方法名稱 | 方法描述 | 注意事項 |
|---|---|---|
| 人際交流法 | 不論你如何堅強，都建議在有負面情緒時去找個朋友傾訴一下。這有兩種好處：對方有可能對你目前所處的情況有一定經驗，有可能會給出一針見血的好建議；或者哪怕對方無法解決問題（或者給出的建議完全不適用），你在描述和傾訴的過程中，也能不斷卸掉負面情緒帶來的壓迫感。 | 交流的對象應該是身邊親近的人。 |
| 拔高昇華法 | 面對眼前的問題，站在長遠的角度去思考其積極的意義。<br>比如做錯了一件事情被批評了，你要告訴自己「這次的錯誤為我今後的改正和提高吹響了號角」「長遠來看，一直順風順水不一定是好事，目前的挫折正是一次磨練的機會」。這種昇華的策略不但有利於調節情緒，還可以培養你的理性思考。 | 拔高昇華這個過程可以分為兩段：第一階段是調節自己的情緒，第二階段是當情緒穩定之後，做出實際行動去調整、提高自己。 |

**時間拖延法**

一切情緒都會隨著時間的流逝而慢慢弱化，你需要找個獨處的環境，靜靜坐著或躺著，結合深呼吸來平復自己的狀態。

拖延的時間不要超過15分鐘，若長時間不做正事，可能導致更不利的局面。

實際上，調節情緒只是第一步，眞正的高手，是那些懂得利用自己情緒的人。情緒未必是「綁匪」，也可以是我們的好夥伴。至於如何利用自己的情緒，這裡舉三個例子：

【例一】當你感到恐懼時，面對未知的結果，請你多一分謹慎。因爲此刻恐懼情緒想要給你的行爲「踩煞車」，是在提醒你想要的保底方案是什麼？你能否承受得起最差的結果？

也就是說，當你發現自己恐懼時，你要搞清楚自己爲什麼會害怕？你可以將恐懼情緒看作是自我反省的時機，經過一番自我反省，你既能識別眞正的風險威脅，也能認清哪些是虛張聲勢的「紙老虎」。

【例二】當你被人訓斥打擊（或經歷失敗）之後，此時情緒是低落的，但這種低落的情緒也是有利用價値的。人在這種情緒時往往變得謙卑而懂得敬畏，不太可能做一些出格的事情，此時去做一些技術難度不太高而又追求細心的工作（如整理物品、修訂報告），效果就會比平時強一些。

不過我們也要注意，職場裡的低落常常會伴隨著壓力和緊張感，而緊張感對於人從事快速應變的技巧性工作是不利的。在這種情況下，演講、開車等工作不妨緩一段時間再進行。

【例三】當你看到一些感人的事時，心中被打動，憐憫之情油然而生，這種溫暖的內心會讓你的親和力瞬間提升。此時去做一些考驗耐心的待人接物的工作（比如項目講解，進行友好合作型的商業談判），效果往往不會差。

類似的例子還有很多，大家不妨把自己的所有常見情緒列一個清單，然後對照著這個清單，思考一下每一種情緒背後適合做哪些事，不適合做哪些事。這個清單並非是一成不變的，但在相當長的一個時期（比如一兩年）內通常不會有大的變化。

當你完成了這個清單之後，就好比是給自己寫了一個「使用說明書」，你可以形成更加準確、合理的自我認知，從而擁有更高的工作效率和工作效果，同時也能夠大大減少犯錯、出醜的機率，久而久之，更好的自己就水到渠成了——何樂而不爲呢？

「任何人都會生氣——這很簡單。但選擇正確的對象，把握正確的程度，在正確的時間，出於正確的目的，透過正確的方式生氣——這，不簡單。」這是亞里斯多德在《倫理學》一書中對情商的強調。如果你能敢於直視自己，用智慧去研究自己的情緒，那麼對於你的職場角色塑造，就會多了一個很有利的工具，而且這些情緒本身也很値得去好好研究。

# 【附錄三】如何處理你的職場負面情緒？

有一個飛行術語，叫作「複雜氣象飛行」。這個術語源自於軍方航空兵，是指在天氣情況不利時（例如能見度差、夜間、風雨雪霧等增加飛行難度的氣象情況），飛行員能夠從容應對，繼續保障安全飛行。

在工作中，難免也有類似的「複雜氣象條件」。我們顯然都希望自己能夠不受複雜情緒的影響，在任何情況下都能像心理素質高超的飛行員一樣，維持一種良好的工作狀態，那麼，究竟該怎麼做呢？

## ①關注局部過程，而非最終結果

在面臨緊急事件時，高壓之下，人的情緒更容易失控。對於職場新人來說，此時控制情緒是很有挑戰的事情。

職業體育賽場上經常會遇到類似的關鍵時刻——比如對於足球來說，一顆球，往往就能決定一支球隊的成敗，可想而知情緒控制對於職業運動員來說，必然是一種重要的素質。

那麼，運動員是怎樣來處理這種情況的呢？很多賽後採訪時，我們常能聽見運動員說，「我不去想太多，就專注於比賽本身，把每一個球踢好就行了」，雖然他們不是總能夠到這一點，但這就是複雜情況下控制情緒最好的辦法。

在心理學上，有種心態叫作「瓦倫達心態」，它源自一個眞實的事件。瓦倫達是美國著名的鋼索表演藝術家，技術非常高超，在不繫保險繩的情況下也能完成高空走鋼索。但有一次要爲重要的客人獻技時，他卻發生了意外。當時有很多美國知名人士到場觀看表演，這一次的演出不僅能讓他在馬戲界聲名大噪，還會給馬戲團帶來前所未有的支持和利益。但令人始料未及的是，他剛剛走到鋼索中間，僅僅做了兩個難度並不大的動作之後，就從高空中摔了下來，不幸殞命。

事後，他的妻子在悲傷中描述到瓦倫達的反常——「我知道這次一定要出事」。之前每次成功的表演，他只是想著走好鋼絲本身，不去管後續的結果和其他事情。但這一次瓦倫達太想成功，過於患得患失了。如果他不去想這麼多走鋼索之外的事情，以他的經驗和技能是不會出事的。

類似的情況還發生在著名射擊運動員馬修．埃蒙斯身上。埃蒙斯出生於獵人之家，射擊可以說是祖傳的技能，他也曾在二〇〇一年世界盃美國站上一人包攬男子步槍三個項目的金牌，隨後獲得了二〇〇二年世錦賽臥射冠軍、二〇〇二年國際射擊運動聯合會世界盃冠軍、二〇〇四年國際射擊運動聯合會世界盃冠軍。看到這裡你肯定也在想——這位射擊大神拿了這麼多金牌，爲何沒有獲得奧運冠軍呢？

埃蒙斯並非沒有參加奧運會，實際上他還多次進入決賽，但是，他在奧運會上總是會因爲最後一槍失利而錯失金牌。二〇〇四年，在雅典奧運會男子步槍三姿決賽上，他前九槍領先對手3環之多，但最後一槍居然把子彈打到了別人的靶子上，把近在咫尺的金牌拱手讓給了中國老將賈占波。隨後的北京奧運會、倫敦奧運會上，他一再失利，在最後一槍打出非常糟糕的成績，可謂「有奧運冠軍的實力，但是沒有奧運冠軍的命」。

我們沒有機會聽埃蒙斯詳細描述他在決賽最後一環時想了什麼，也沒有機會再聽瓦倫達爲我們述說當時走鋼索的心態起伏。但是，心理學用無數個實例和理論推導告訴我們——在「大事件」來臨時，你需要專注於事情本身，而非這件事可能帶來的結果。唯有如此，你才能把事情做好——起碼能做得和平時一樣好。

## ②知情帶給你勇氣

雖然我們常說「無知者無畏」，人在對危險毫不知情時，有那種不顧一切的勇氣，但在職場中的絕大多數情況下，我們不可能完全無知，所以眞正讓我們勇敢的，是知情。

大家也許都有類似的感受——如果讓你蒙起眼睛在空曠的操場上走路，即便周圍沒什麼人，你也會患得患失、小心翼翼，不敢邁開步伐；但一旦把眼罩取下，那自然就可以放心大膽地自由奔跑。

這其實是源自於我們的一種生理本能，是億萬年經過自然淘汰所留在基因裡的反射機制。如果不想被這種恐懼所支配，就應該盡可能地讓自己知道更多的資訊，這就好比取下眼罩、睜開眼睛。我們應該不斷學習，不斷積累經驗——因爲這些知識和經驗能在關鍵時刻給我們帶來勇氣。

## ③不被帶偏的智慧

在現實生活中，我們的情緒經常會被他人和外界所影響，甚至被控制。

我曾經聽過一個有趣的實驗：一張一美元鈔票，竟然能夠拍賣出六十六美元，而且這張鈔票只是一張普通的一美元，並沒有特殊的收藏價值。

這次拍賣的規則有些特殊——每次叫價的增幅以五美分為單位，出價最高者能得到這張一美元，但出價最高和第二高的人，都要向拍賣人支付出價數目的費用。正是這個規則，見證了人的情緒中脆弱和負面的部分。

一開始，拍賣價在幾美分的增加，經過幾輪博弈之後，價格逼近一美元，全場只剩下兩位競拍者在叫價。兩人都在不斷提升報價，當其中一位價格達到一美元後，情況出現了微妙的變化——兩位競爭者沉默了一會兒，發現情況有些不對勁，不論他們是誰贏得了競拍，都已經無法盈利。但是，出價第二的人不但無法盈利，還會白白損失自己的叫價，所以為了減少損失，競拍價格又不斷開始走高……

在「一美元拍賣」的多次實驗中，研究人員發現，最初人們的出價是因為有趣或有利可圖，但隨著價格接近一美元，大家開始意識到這個規則其實是個陷阱，但已經難以全身而退，這時候他們就試圖透過繼續加價來迫使對手退出。

但每個人都這麼想時，就造成價格不斷攀升，最後競爭者變得焦慮不安，並且深深後悔，覺得自己很荒唐，但是已經難以自拔，這正是人類在很多現實狀態下的一個心理折射。

比如有人只是覺得想娛樂一下而參與賭博，結果不幸輸了一些錢，於是又繼續加注，希望在下一局贏回來，結果卻是越賭越輸，越輸又越想從賭博中撈本，進入惡性循環狀態，直至最後輸得精光。

這個實驗在美國幾所高校進行了多次實驗，最終的報價竟然高達數十美元。以遠遠大於一美元的代價去競拍這一美元，顯然不是明智之舉，但這些名校的學生依然會做出類似的舉動，可見幾乎任何人都會被這種情緒所「綁架」。我們從一開始就不應當加入這個騙局中，避免自己不斷被人帶偏，最終陷入「從糟糕和更糟糕之間做選擇」的被動局面中。

# 【附錄四】與上司相處的藝術

很多時候，我們需要去說服上司並不是爲了給自己謀求什麼利益，而是在陳述一些利害得失，或者幫助上司修正一些不太合理的決策。但要改變上司之前的想法或者決定，就需要進行類似於「討價還價」的角力過程。

「討價還價」也好，堅持原則也罷，這些工作的本質，都在於「說服」。如何說服你的上司是一門非常高深的學問，其中涉及多個因素，這些因素的共同作用才能讓你做成這件事。這件事雖然非常有難度，可一旦能夠說服上司，你的收益也是顯著的。

如果你懂得運用一些心理學技巧和行爲，就可以爲你助一臂之力，讓你提高成功說服的概率。

## ①「示範」會有驚喜——鏡像神經元的刺激

當你聽到或者看到別人在做一個動作時，有時會不由自主地模仿這個動作（往往越是獨處或者放鬆時，這種重複的概率就大一些），這就是「鏡像神經元」在發揮作用。

在人類及少數高級動物的神經系統中，存在著「鏡像神經元」這個小系統。義大利和美國的科學家都同時發現，人類的鏡像神經系統更加發達，這是我們模仿的基礎，也是你說服對方的一個心理學利器。

在嘗試說服上司時，你最好能夠進行示範——把你想要的場景或者效果「演出來」。這麼做不僅僅是讓對方看到實際效果，而且還是在進行示範，對方在潛移默化中會有模仿你的趨勢。比如你希望上司熄滅手裡的香菸，那麼你不妨也拿一支菸然後滅掉。這樣對方就會有較高的機率也去滅掉手上的菸。

## ②重複確認

當上司在思考你的建議時，如果他透過語言表達出了一點點認可的意思，你需要即時跟進，透過重複他的話，進行重複確認。還是拿熄滅香菸舉例子，比如上司說「這裡似乎不能抽煙」，你就可以即時跟進一句「是的，這裡不能抽煙」。

這種重複確認，可以鞏固對方在猶豫期的決策行爲。當然，在進行語言重複確認時，你要當心一些敏感情況，這些敏感情況要靠你平時的觀察積累來幫忙。

### ③避免「當老師」

雖然大部分勸說都是基於善意，但是善意也有一定的傷害性。古語說「人之患在好爲人師」，這句話是在提醒我們，不要總是高高在上地擺出「唯我獨尊」的姿態。

在勸說上司時尤其要注意這一點。當我們進行說服時，避免讓對方感到你在教他，避免使用否定對方的語言，這樣就能使勸說行爲更加容易被人接受，不易觸動對方的「防禦機制」。

### ④聽懂上司的「話外音」

「不怕下屬天天鬧，就怕上司開玩笑」，這句職場打油詩，是有幾分道理的。上司因爲自身角色的特殊性，他的玩笑常常會給聽者產生不一樣的效力；同時他的玩笑話中，也有他的眞實用意，所以也應當引起重視。

上司開玩笑分幾種情況，比如說在大會上開玩笑、在單獨談話時開玩笑或在工作之外開玩笑。玩笑裡到底有幾分眞、幾分假？到底哪種玩笑是純玩笑，什麼時候是借著玩笑說眞話？我們基於語言背後的心理，來做一番推敲。

我們在分析陌生英語單詞含義時，常常會使用「借助上下文推測含義」的方法，這種思路同樣適用於解讀上司的玩笑話。比如在某次會議上，上司長時間批評了某位同事（例如批評這位同事做事太慢），隨後這位上司開了個和批評內容相關的玩笑（例如「你看這個蝸牛，比○○○動作還慢」），這時候，玩笑話顯然就是意有所指了。

那麼，什麼時候的玩笑才是完全沒有針對性的呢？通常來說，那些偶發性、刺激性事件導致的玩笑，就不太具有針對性。

## ⑤那些你永遠無法取悅的人

在筆者進行心理諮詢時，曾遇到過很多針對自己職場遭遇訴苦的朋友。他們抱怨說，無論自己如何絞盡腦汁、如何努力都無法讓上司滿意。這種情況下，分析事情的成因固然是很有效的措施，但並不是所有不滿都能看得出原因——因爲有時候這種不滿的起源很微妙，也不會被表達出來。

在此，我給出的建議是：盡可能在你獲得肯定多的領域做事，而努力避開那些你容易受批評的事。

獲得肯定，可以是上司對你的工作滿意，也可以是上司能肯定你的進步；而那些常常被否定的部分，最好交給其他同事來做，或者尋求外部幫助。

因爲心理學上的「初始效應」，上司會對某個人形成固有的偏見。如果上司認可你做的事，那麼你在做這件事時贏得肯定的概率就大；反之，如果上司不認可你做的事，那麼即便你做好了，獲得的最終評價也會偏低。

## ⑥讀懂對方什麼時候是「真為難」，什麼時候是在「婉拒」

曹丕想要謀權篡位，幾次暗示漢獻帝禪讓給他，可當漢獻帝有意讓給他時，他還要假意拒絕幾次。這種看上去欲拒還休的行爲，在當時的禮法和公衆輿論氛圍中，是很有必要的。

回到現實中也是如此，很多時候，對方拒絕我們的一些好意，是迫於現實環境與輿論的壓力，就好比給自己增加了一個「免責條款」。而我們能否準確判斷對方的用意，就需要用到一些心理學知識了。

通常，如果拒絕的語言非常具體，往往就是眞的拒絕；但如果對方的拒絕含糊不清，那麼就是婉拒。比如你請同事到家裡做客吃飯，如果他說「對不起，我晚上九點還要去○○○那裡幫忙搬家」，這種拒絕理由雖然未必眞實，但足夠具體，所以就是眞的在拒絕；而如果對方說「還是別了，我今晚有事」，這時候，你不妨再邀請一次。

其次，如果拒絕發生在公共場合，這時候夾雜的因素就比較多，如果對方在一對一的對話中表示拒絕，通常說明對方比較誠懇。所以我們在發出一個邀請或請求時，如果你想要對方答應，盡可能地營造獨處的環境。

最後，當你做出邀請或請求時，盡可能一鼓作氣，避免反反覆覆。如果你在第一次邀約時被人拒絕了，事後再扳回來是挺難的。所以我們在開始徵求對方同意時，言語盡量懇切一點，理由要更具體一些。

## ⑦如何做彙報

筆者站在聽取彙報者的心理，爲大家總結出了如下的彙報流程：

首先，你在彙報時要先說結果。既然是彙報，那麼聽者最著急知道的是結果。在過程中如果有人追加提問或者質疑，這時候要進行一些解釋說明；反之，彙報完結束你的發言即可。

其次，提出一些解決問題的辦法。如果你所彙報的內容不夠理想（例如任務沒完成），這時候聽者會本能地想了解原因，此時你要做出適當的解釋。但在做出解釋之前，因爲解釋常常可能被誤解爲辯解、找藉口，你應當先想好解決方案。

指出問題是容易的，但上司更希望知道你打算怎樣去解決這些。如果你彙報了一個不好的結果，通常上司就會追問，此時如果你無法回答對策，場面就尷尬了。

然後，使用嚴謹、理性的表達方法。怎樣才算嚴謹理性呢，送大家十個字：「避免絕對化、對事不對人。」讀書時，老師經常會跟大家說：「在選項裡出現絕對化的表述時，那麼這個選項就要格外小心，它很可能是錯的。」在表達時請避免使用絕對化的表述方式（避免使用絕對、總是、每次、必然等詞語），否則上司會覺得你這個人做事比較武斷、草率，而一旦你判斷失誤了，這個感覺就會格外強化。所謂的「禍從口出」，就是這個例子。

「對事不對人」也是職場表達需要注意的一點。在發表對一件事的看法時，盡量客觀地陳述事實，不要添加過多的主觀臆斷，避免情緒化表達。當你的情緒化表達出現時，聆聽者的抗拒心理也會被激發，這時彙報也就容易被打斷。

最後一點，彙報要簡明扼要、不拖泥帶水。上司聽取工作彙報的內心出發點，是獲知工作的進度和結果，並據此進行評估，以便完成後續的安排和應對策略。所以在彙報時要會講重點，不「拖泥帶水」，將工作的結果、遇到的難題、存在的不足以及解決措施講到位就可以了。

至於彙報的時間，建議你選擇狀態比較糟糕時向上司做彙報。爲什麼呢？因爲人在狀態不好時，說話一般比較謹慎，不輕易誇下海口，這就避免你在彙報時向上司承諾一些難度太高的事情，爲後面的工作帶來壓力。

在松下幸之助手下工作了三十年的江口克彥在《我在松下三十年：上司的哲學下屬的哲學》這本書中曾經指出：「對於上司來說，最讓人心焦的就是無法掌握各項工作的進度……如果沒有得到回饋，以後就不會再把重要的工作交給這樣的下屬了。所以要知道，雖然只是一個簡單的彙報，卻能讓你得到上司的肯定。」

既然彙報工作如此重要，究竟在那些境況下必須彙報工作呢？

第一，在做好工作計畫時，立即向上司彙報，避免大方向上出現問題。這樣可以讓上司了解計畫內容，提出合理化建議或意見；而且上司可以審時度勢，從大局出發指出計畫的問題所在，做出有益而有效的修改，避免你在工作開始後做無用功。

第二，在工作中出現意外時，我們要即時彙報，尋求上司的支持和幫助。通常來說，我不建議大家隱瞞意外（除非你有把握悄無聲息地搞定和修正），把意料之外的情況即時彙報，可以防止事情的不利局面擴大化，避免造成無可挽回的損失。

還有一點就是，在事情完成後即時向上司彙報，最好能把整個活動的具體來龍去脈向上司彙報，如果來不及，簡單說一聲完成也是可以的。因爲你把完成結果即時告訴上司，可以讓上司儘快放心下來，營造出一種值得信賴的形象，也有利於上司授權你去做更重要的任務和工作。

最後需要注意的一點是，工作彙報有個原則，就是要「行動在前」。行動在上司前面，意味著我們彙報工作時不但能達到上司的要求，還能超過上司的預期。如果你什麼事情都沒準備好就彙報，時間長了，對方會覺得你的話都是不經準備的發言，容易引發對方的不信任。

# 【附錄五】職場上的行動也有跡可循

韓寒的著名電影《後會無期》裡有這麼一句台詞：「聽過很多道理，卻依然過不好這一生。」很多人聽到電影裡的這句話，可能只是內心湧出一番認同，然後繼續按照自己原來的方式做事。

實際上，「知道」並不等於「能做到」，而「能做到」又不等於「能做對」，職場技能和行為的修煉，並不是看上去那麼簡單。我們要認真思考這個問題，為什麼有人在一個職位上勤懇工作多年，卻一直未能升遷？為什麼那個榜樣人物就在面前，卻學不到他的精髓？你有沒有想過原因是什麼？

你或許已經讀了很多書，看了很多線上課程，考了很多證照，但你有沒有想過，眞正讓你發生改變的有多少？你對自己的學習能力眞的滿意嗎？可能大部分讀者內心的答案是否定的。

我們的努力，到底出了什麼問題？

很多人忽略了一個事實：大家口頭上所謂的「學習」，有很多是淺層次、低效率的學習。如果學到的知識沒有轉換爲改變現狀的行爲，那麼你聽到的那些道理就不會見效。我們固然鼓勵閱讀求知，但更重要的是要學會實踐。做事情的道理，其實也就那麼多，獲知它們並不困難，當一個具有權威地位的人說出來時，你更是感覺醍醐灌頂。但是請注意，這種「醍醐灌頂」的感覺不過是一種自我麻醉，它只是表達了你對這個道理的確定與認同，而這種自我的確定與認同，並不會讓你以後不再犯同樣的錯。它能起到的作用僅僅是讓你延緩下次犯錯的時間，或是改變你犯錯的方式。從這個角度而言，道理所能起到的作用是有限的。

從某種意義上來說，指導我們做事情的永遠不是道理，而是從少年時就已形成的人格基礎，我們一直以來深埋於潛意識之中的某種固定傾向的動機，每個人長期養成的行爲習慣和本能。

## ①行為背後，自有其道理

人的行爲千奇百怪，有時候，我們都料不到下一秒自己會做出什麼事情來；但有時候，我們卻可以預測別人接下來會做什麼。

實際上，對於自己或他人行爲的正確預測，是基於我們對現有行爲的識別與分析。善於觀察的人，能把自己看到的事情分析出道理來，順著這個道理就能像神算一樣，推敲出下一步的發展。所以行為本身並不是最重要的資訊，關鍵的是背後的道理。

認可了這一點，我們就可以展開描述很多行為。人的動作雖然有億萬種，但都可以分為三類，**從簡單到複雜分別是非條件反射、條件發射和組合型複雜反射**。

先說**非條件反射**。如果手被釘子刺到，我們就會立刻縮回去。這類反射動作，是鐫刻在我們的基因裡的，這就是非條件反射。由此引發的動作是發自本能的，幾乎不存在掩飾。但有一點需要注意——人的某些非條件反射在人為約束下會消失，比如人都怕痛，遇到針刺都會縮手，但在打針時不能縮手，否則會引發事故。

在飛行中，人從地面到空中有一個大的環境改變，很多平時的非條件反射都是不利於飛行的，這時候就需要克服人的非條件反射。

比如剛開始練習飛行的飛行員，在駕駛飛機臨近降落時，對於飛行高度會本能地恐慌，使得有些飛行員會迫不及待地落地，造成硬著陸。這時指導員就要協助飛行員去克服這些非條件反射，從而養成正確的飛行操作習慣。在其他行業也是一樣，我們需要克服非條件反射，來完成某項工作。

而**條件反射**就要高級一些，是指在一定條件下，外界刺激與有機體反應之間建立起來的暫時神經聯繫。這種反射行爲方式是後天形成的，是經過大量經歷和練習所鍛煉出來的一種反應本能。

對於人行爲的推敲，大部分是在條件反射層面做觀察和分析，當你確定對方會對某種機制產生條件反射，那麼他的行爲就是可以推測和理解的。有一些人在跳槽到新公司之後，對原有公司的條件反射還在，這時候就要留意，在新的條件反射還沒有建立牢固之前，盡量不要「說錯話」。

**組合型複雜反射**在分析時需要更多的資訊和觀察，這就要求大家平時做個有心人，透過大量的觀察總結出規律，然後利用這些規律進行判斷和分析。

### ②過程分析法

作爲職場行爲的高效分析範本，近年來「過程分析法」成爲越來越多職業培訓的案例模式。過程分析法最初是爲了制度設計，後來也衍生成一些智慧化辦公軟體系統的內在邏輯。我們在這裡給出過程分析法的經典步驟，然後爲大家簡要解讀這些步驟對我們職場行爲的啓示：

（1）確定問題領域。分門別類是做出行爲對策的基本前提。拿銷售舉例——如果你正在商店值班，此時有一個人走過來和你交流，我們首先要明確對方是來做什麼的？是來買東西、消防檢查或者另有企圖？明確來者的身分，我們就確定了行爲對策的領域，隨後才可以正確地做出應對。

（2）借助於有效的分析手段，確定具體問題。如果顧客跟你討價還價，他是對價格不滿意嗎？不，他有可能是拿價格當作藉口，希望謀求更多的附加服務；也有可能他囊中羞澀，付不起目前的價格；也有可能他一開始就沒打算購買，故意找個理由給自己一個臺階下。

（3）尋找和確定解決方案。當具體問題確立之後，我們就可以根據自己的經驗來思考解決方案了。

（4）如果有多個解決方案，訂定優先次序。次序的建立是很有必要的，有時候一個方法能否奏效，和次序有很大關係。

（5）確定能提供所需結果的具體辦法。在確定方法時，我們要盡可能地去結合行爲分析的結論，爲不同的人打造不同的方法。

（6）著手解決，並考慮好解決失敗後的應對策略。

## ③獨當一面時，應當如何「做主」

當還是新人的你可以單獨去負責一件事情或一個專案時，意味著你開始有機會獨當一面，去做出更大的成績。但獨當一面也意味著你需要擔負更大的責任，如果事情做不好就會被批評，所以需要更加謹慎。

一味地躲避責任是不可取的，除非你永遠不打算提升業務能力。在代表公司或者部門處理事務時，你要學會一些「做主」的學問。

上司把事情交給下屬全權處理，更多的是鍛煉下屬處理事情的能力，同時也節省了上司本人有限的時間和精力。但請注意，此時上司仍是決策的制定者，他並沒有把所有的權力移交給下屬。

這時作爲下屬，要明白「代辦」的原則，而不能眞的把自己當成取代上司做決策的人。既然是代辦，那就要弄清楚交辦者的眞實意圖，這樣你在行動時就可以多一分底氣，減少犯錯誤的概率。

當然，弄清楚上司的意圖後，在操辦處理這件事的過程中，你不能只做個簡單的跑腿者。事情的複雜程度往往會超出決策人本身的設想，而我們作爲操辦者，很大一部分工作價值就在於搞定這些預料之外的事情。

遇到意外情況能請示固然是最好，如果來不及請示或者不宜請示時應該怎麼辦呢？這時你就要自己拿主意了。心理學有個重要的詞叫作「共情」，就是盡力帶入對方的感受。如果你不知道如何去做，不妨站在上司的角度去思考問題，想想怎麼做才能把事情做好，帶著這種思維，做出來的決策就不容易錯。

# 【附錄六】如何處理職場上的複雜關係？

說到職場關係的心理學基礎，就不能迴避一點——「馬斯洛需求層次理論」。**在這個理論中，第一層是生理需求**，這是人類維持自身生存的最基本要求，包括饑、渴、衣、住、行的方面的要求；

**第二層是安全需求**，包括人身安全、健康保障、資源財產所有性、家庭安全和工作職位保障等。在本層次中，工作職位保障的需求已經出現了，你需要注意在職場中，如果同事或同行認爲你的存在會威脅到他們的工作職位保障，就會引起他們的高度警惕和防禦機制；

**第三層是情感和歸屬的需求**，也就是我們所說的社交需求，包括友情、愛情、性親密等。人作爲一種富有情感的生靈，都希望得到相互的關心和照顧。感情上的需要比生理上的需要來得細緻，它和一個人的生理特性、經歷、教育、宗教信仰都有關係；

**第四層是尊重的需求**，包括內部尊重（希望自己在環境中能勝任、充滿信心、能獨立自主）和外部尊重（希望受到別人的尊重、信賴和高度評價）。

這一層次和職場關係非常緊密。不論是新人還是混跡職場多年的高手，都希望自己的個人能力和成就能夠得到社會的肯定。馬斯洛認爲尊重需要得到滿足，能使人對社會充滿熱情，同時體驗到自己活著的用處價值；

**第五層是自我實現的需求**。它是指實現個人理想、抱負，發揮個人的能力到最大限度，完成與自己的能力相稱的一切事情的需要。

自我實現的需求是最高層次的需求。在這一層次的滿足，多表現爲解決問題的能力增強、自覺性提高、善於獨立處事，也就是搞定自己能力範圍內的一切事情的需要。也就是說人必須做稱職、難度適宜的工作，才會使他們感到最大的快樂。需要注意的是，人並非一定要成爲頂級專家才能擁有這種滿足，爲達成這一層次需要所採取的行動是因人而異的，小人物也有小人物的自我實現感。

在職場中，我們會經常和這五個需求打交道。當我們的某個需求被滿足，人際關係也就會往好的方向發展；反之，如果某個需求被威脅或者破壞，那麼事情就會往壞的方向發展。我們在處理多個需求的複雜局面時，可以參考各個需求層級的上下關係，讓最基礎的需求先得到滿足。

## ①你我生而平等，但工作總有層級

人的需求有層級，這是從先後被滿足的角度而言。當然，我們的工作也是有層級的，這是由職業發展的需要決定的。

上司是職場新人最值得關注的角色。筆者認爲關注上司，是你在職場中站穩腳跟的第一步。這並非鼓勵大家拍馬屁，也不是誘導大家忽視自己的下屬。一個企業的運行，指令永遠是自上而下實施的，從這個邏輯出發，我們的心理「著眼點」也應當瞄準上司。

古語道：「一將無謀，累死千軍。」上司對整個團隊工作的開展有非常關鍵的作用，同時上司的好壞極大影響著職場新人的工作體驗和成長路徑。

上司有著更多的經驗、更強大的能量，職場新人很容易形成對上司的信任和依賴心理。好的上司會保護下屬，耐心地教授很多技能和思路，甚至在生活上給予諸多關懷。遇到這樣的上司，那自然是一件值得慶幸的事情。

若作爲下屬，你必然會遇到一些煩惱的事，比如上司交代的一件事，很不想去做，但又不知道怎麼去處理，那該如何處理那些不願意做、卻又不得不做的事情呢？

請注意——好上司，也是凡人。你的上司並不是萬能的，在工作中，你搞不定的問題，他們可能也搞不定；你煩心的事情，他們可能也煩心。同時，他們也沒有「千里眼、順風耳」，不是那種早就能料定一切事情的「神算軍師」，也不是完全沒有喜怒哀樂的「神仙」。

當你遇到了難題卻又不得不做時，你可以就自己遇到的困難和上司進行溝通。你在彙報時，要盡可能地給他足夠的資訊，讓他掌握更多的有效資訊。唯有如此，上司才能給你最貼合實際的指導意見。如果你給出的資訊不足或者不準確，他們也可能做出不妥甚至錯誤的決策。作爲下屬，你需要像一個感測器一樣，盡量傳遞充足而精確的資訊，唯有如此，上司才能更好地透過你的資訊來思考和決策，給你的工作提供幫助。

## ②同事的「大氣層」

在職場中，除了和上司的相處外，更多的是和同事的相處。

大多數人都希望自己在職場有個善良美好的形象，成爲每個人都值得信賴、樂意交流的對象，但實際上，你不可能贏得所有人的喜歡。

如果你總是一副和和氣氣的樣子，什麼脾氣也沒有，固然大家會覺得你溫和、容易相處，但這也會給別有用心之人以可乘之機。也許有人會以此爲由找麻煩，讓你幫他們做很多事，占用你的時間，所以在工作中，你也需要適當展現出「強硬」「不好惹」的一面。

眞是遇到了該生氣時，發怒一次又何妨？人如果只會做好好先生，最終的結果無非是「人善被人欺，馬善被人騎」。

你要知道，尊重是在相互的打磨中逐漸形成的。這就像冷暖空氣一樣，你往前推一步，對方可能就會往後退一步。當你們旗鼓相當時，也正是彼此尊重形成的最好時機；當對方得寸進尺、不懷好意時，我們要注意把握分寸，學會觀察對方得寸進尺的表現有哪些。

我們可以觀察對方的眼神、行爲和思維方式。當他開始忽略你的利益，不在意你的人格時，就要拉響警報了。此時，我們也要會適度地「進攻」，去試探，去爲贏得尊重打出一片天地來。

### ③新來的同級別同事怎麼對待

辦公室裡來了同級別的新同事，總是會帶來一些別樣的感受，但和來了新上司、新下屬不同的是，同級的新同事加入，往往可以引起最爲微妙的心理變化，折射到職場關係的變動也最複雜。

大家都是相同的級別，看上去誰也不受制於誰，但作爲老員工，你看到對方身上有一些優於你的地方，會不會嫉妒？

如何處理和新同事的關係呢？很簡單：團結合作。這種大巧若拙的處理方式看上去很笨，其實是充滿智慧的。

## ④不用太在意別人那裡發生了什麼

作爲職場新人，我們常常會有一種怯生生的感覺，而且忍不住想要多觀察、多打聽各種自己尚不知曉的事情。這是一個很好的學習者的心態。但是，在這個心態的作用下，很多時候「菜鳥」們會變得過於敏感，其實你大可不必。

人好比是一個高級複雜的機器，身上有很多的感測器，這些感測器在採集資訊輔助決策的過程中，有時候也扮演著負面角色，那就是干擾資訊。爲了不讓過多的資訊衝擊我們尚不發達的「處理器」，作爲新人，請把更多精力要放在本職工作和技能提升上，而辦公室裡發生的一些事如果和你關係不大，倒不如裝糊塗，讓它過去就好了。

## ⑤和職場上的人「保持距離」為何如此重要

我們常說老實人難做，其實，比老實人更容易受傷害的是熱情的人。做一個熱情的人，你需要做好承擔風險的思想準備。

著名企業家李嘉誠曾經說過——招待客人不能太熱情，爲什麼呢？因爲「這人太熱情了，實在不敢領教。以後他到我家去，我也要好好招待人家，可我沒有那麼好的手藝，也沒有經濟實力呀！夾這麼多菜，如果都吃了，回去說不定會消化不了的」。

同事之間，在私交還沒有到達一定程度的情況下，保持適度的熱情是很有必要的，但過於熱情可能會適得其反。過分的熱情會給人帶來一種無形的壓力，讓人感到不安、不舒服，同時可能會讓對方產生依賴感，一旦你某天不再那麼熱情時，情況可能就會變得糟糕。

雖然我們都希望獨立開展工作，在大部分情況下和上司保持一定的距離，以便自己可以在不緊張的情況下開展自己的工作，但有時候，你的上司可能會使用某種管道來了解你的資訊，這種管道可以是委派的某位「觀察員」，也可能是電子設備。

沒有人喜歡在毫不知情的情況下管理一個團隊，所以面對上司的「監視」，你不必感到不自在，只需要老老實實做好自己的事情就好。因爲過於在乎，人會在自我壓力中行爲變形，這就得不償失了。

## ⑥學會給結果，才是你最需要做的

上司常常是有性格、有脾氣的，如果你遇上了一個對你「很不客氣」的「霸道總裁」，應該怎麼辦？

如果這位上司只關注結果，那麼你就多給他結果；如果結果不理想，而你還要用過程來解釋開脫，自然就難以獲得好評。給出結果，而不是解釋過程，就是面對「霸道總裁」的最好策略。

讀書時，很多人會想，我那麼用功，爲什麼還是沒能考入頂尖的大學？進入職場之後，也有很多人會想，爲什麼我每天加班工作，做了那麼多事，老闆卻還是不滿意，還是不肯給我升職加薪？

先來看這樣一個問題：有一個聾啞人想買牙刷，他到商店裡向店主模仿刷牙的動作，成功地買到了牙刷。那麼如果一個盲人想買太陽鏡，他該怎麼辦呢？

答案是：盲人只需要張開嘴巴說出來就可以了——因爲他不是啞巴。這個問題很有趣，我們很多人都被題目給的資訊所迷惑了。這些迷惑資訊大大干擾了我們對問題本身的思考。同樣的道理，在工作中，很多人也會被過程所迷惑，而不能夠直截了當地去思考結果的重要性。但是別忘了，在職場裡，上司把一個任務交給你，是希望你能給他一個滿意的結果，從而給公司帶來效益。

電影《穿著Prada的惡魔》裡，米蘭達說過一句話：「我對你無能的細節過程不感興趣。」最怕的是當你接到上司交代的任務後，就開始在潛意識裡不斷構思失敗後的場景。如果你這樣做了，就會在之後的行爲中頻繁產生一種自我暗示——這件事我應該無法完成，如果上司怪罪下來，我就多講苦勞。

奇怪的是，人的每次行爲抉擇，都會朝著你所暗示的方向發展。一旦有了這個想法，你就會在很多稍微努力就可以完成任務的環節上，放鬆對自己的要求，結果自然一塌糊塗。

### ⑦隱私

在職場上，難免會遇到一些涉及隱私的事情。在某些場合，你不得不需要獲知同事的家庭住址、身分證字號甚至某些帳號密碼等，該怎麼辦呢？首先，涉密的問題，想三秒再問同事，你得組織好語言。然後，在打聽這個隱私時，你應該首先擺出一個姿態——「因為工作需要，否則我不會這樣做」。

有的人可能會覺得，既然大家關係那麼熟，那麼我看一下你的手機應該沒問題吧？但凡是涉及個人隱私的事情，我們千萬不能小覷，因爲尊重彼此的個人隱私，是基本的禮貌，也是爲了彼此利益。手機、電腦等與我們自身緊密相關的東西是高度涉及隱私的。保護自我的隱私意識每個人都有，既然自己有隱私意識，那就不要侵犯別人的。

# 【附錄七】職場因應策略

「黑天鵝事件」是個外來語，指非常難以預測、不尋常的事件，而這些事件通常會引發連鎖的負面反應，甚至導致破壞性的結果。

一般來說，「黑天鵝事件」是指滿足以下三個特點的事件：

1. 具有意外性。
2. 有重大影響。
3. 雖然它的發生是意外的，但人的本性會促使我們在事後爲它的發生編造理由，並且或多或少認爲它是可解釋和可預測的。

「黑天鵝」存在於各個領域，無論是在宏觀經濟、個人生活還是職場，都有可能會遭遇「黑天鵝事件」。我們可以根據黑天鵝的具體發生特點，去推敲職場中意料之外事件的因應處置辦法。

## ①離職之前，千萬別忘了做這件事

前些年，和一位朋友聊天，那時，她的第一份實習工作即將結束。我特意送上叮囑：「離職前半個月，別忘了提前跟上司說一聲，以便提前交接工作。」這句話似乎給了她不小的提示。果不其然，過了幾天，這位朋友就興高采烈地告訴我，她的上司對她這種預先告知的行爲大加讚賞，很認可她的負責態度，不但很熱情地一再挽留，還歡迎她隨時回來工作。

實際上，我也聽過不少管理崗位工作者的抱怨，「最近那個×××，說辭職就辭職，拍拍屁股就走人，留下的爛攤子，都是我們自己來收拾，氣死人了。」這種苦惱的抱怨，流露出對「離職突襲之人」的不認可和憤怒。

管理者面對這兩種情況的態度，可謂是「冰火兩重天」——提前打個招呼竟然有這麼大的能量？是的。對於一段實習工作（當然也包括將來的正式工作）而言，良好的素養不僅表現在正常工作時期，也往往取決於你如何「畫上句號」。如果我們能夠站在管理者的角度去想一下，事情就不難理解了。

這種提早知會、有序交接的處事方法，可以給用人單位留足空間，使其能夠合理地安排工作事宜。很多實習工作的時長是彈性化的，管理方對於實習者何時離開並無明確的時間表，此時「提前打招呼」就顯得非常必要了。雖然不少實習單位都會提前約定好你的實習期限，但在約定到期之前早一點提醒對方，同樣是有必要的。

同時，從實習者的角度來說，也能給自己爭取主動。對於大部分實習生而言，獲取報酬並非是參加實習工作的唯一目的，獲得一定的行業技能、拿到實習的評語或者推薦信也非常重要。

考慮到部門行政機制和考察方的習慣，這些評價實習生「職場第一步」的文書往往需要等幾天才能夠拿到。如果要求對方在很短的時間裡提供這些東西，不但顯得不夠禮貌，還可能把事情搞砸。

把提醒的話說得早一點，你的訴求就能多一分保障，也就避免了自己離開前手忙腳亂，鬧出一肚子憋悶。從長遠角度來看，這種縝密妥當的處事態度，可以爲對方留下良好的印象，爲你的職業形象加分。世界那麼大，但有時候也很小，如果將來因爲機緣巧合再回到同一家公司，對方還會予以盡可能的熱情接納。

俗話說：「好事不出門，壞事傳千里。」實際上，很多職業領域的人際圈子是很微妙的，如果你在前公司留下了良好的聲譽，這份聲譽很可能被你下一個就職公司的人聽到。反之亦然。如果誰家公司出了什麼奇葩員工的話，這些事也很可能很快傳遍整個圈子。最極端的，是人資在特別憤怒時下達類似於「封殺令」的業內通告，到時候闖了禍的求職者，可就難免四處碰壁了。與其靠著僥倖心理苟且地面對未來，何不早早把事情辦完美呢？

說到這裡，我想很多正在實習或即將實習的讀者都在思考一個問題——離職前，要提前多久給上司「打招呼」呢？這個問題並沒有固定的答案，而是要取決於實際情況。如果說所在部門有相關離職制度，那就自然是按照制度來執行；如果沒有固定制度，不妨問問同事中比較資深的「過來人」，聽聽他們的建議。也有部門的運作以一週爲一個單位，那麼這種情況下，提前兩週左右彙報，也是一個挺好的辦法。總而言之，只要能讓管理方感到滿意，那就沒問題。

不管是主動離開，還是被動出局，收尾工作都是很重要的。古語說得好：「靡不有初，鮮克有終。」這也正突顯出「善待結尾」的重要性。不論是如今參加實習也好，將來正式工作也罷，我們都應該做一個能夠預先收尾的人，讓工作經歷善始善終。如此不但讓對方能夠從容面對，也將給自己的職業生涯留下一份順暢的體驗。

## ②失誤之後的危機處理

首先我想說明一點，比起學會處理危機，預防危機顯然是更重要的。說了這個總原則之後，我們再來聊聊怎麼進行危機處理。

提到危機處理，我們首先想到的是一家公司或個人如何面對媒體，如何面對上司，如何面對客戶。但是很多人都忽略了一件事——「出事」之後，我們應該如何面對自己。

沒錯，面對外界固然很重要，但你自己才是主體。如何面對自己、如何保護自己，甚至於如何提升自己，這些決定了你處理危機的總體結果，也才是最核心的問題。

Eurasian Publishing Group
圓神出版事業機構
用心與你對話・網野無限寬廣
如何出版社
Solutions Publishing

www.booklife.com.tw　reader@mail.eurasian.com.tw

Happy Learning 187

# 看人的本事：說話前先讀懂對方想聽什麼，建立好關係

作　　者／盧文建
發 行 人／簡志忠
出 版 者／如何出版社有限公司
地　　址／台北市南京東路四段50號6樓之1
電　　話／（02）2579-6600・2579-8800・2570-3939
傳　　真／（02）2579-0338・2577-3220・2570-3636
總 編 輯／陳秋月
主　　編／柳怡如
責任編輯／丁予涵
校　　對／丁予涵・柳怡如
美術編輯／簡瑄
行銷企畫／詹怡慧・曾宜婷
印務統籌／劉鳳剛・高榮祥
監　　印／高榮祥
排　　版／杜易蓉
經 銷 商／叩應股份有限公司
郵撥帳號／ 18707239
法律顧問／圓神出版事業機構法律顧問　蕭雄淋律師
印　　刷／祥峰印刷廠
2020年10月　初版



定價290元　ISBN 978-986-136-559-6

如果我們僅僅使用眼睛去看人或事，難免演變成主觀的臆斷。這樣說，大家就應該能明白為什麼我們在與人相處時總會抱怨：「我怎麼會看錯了〇〇〇，難道我瞎了眼嗎？」「在我眼裡，這個人不應該是這個樣子！」「我要是一開始就知道他是這個樣子，我說什麼也不和他打交道！」但其實對方一直都是這個樣子，只是我們一直在看而從未觀察。

——《看人的本事：說話前先讀懂對方想聽什麼，建立好關係》



國家圖書館出版品預行編目資料

看人的本事：說話前先讀懂對方想聽什麼，建立好關係／盧文建 作. -- 初版 -- 臺北市：如何，2020.10
288面；14.8×20.8公分 --（Happy Learning；187）
ISBN 978-986-136-559-6（平裝）

1. 人際關係 2. 成功法

177.3 109012401